MOI, TARZAN

Merci à Michel Vannereux, animateur de *La Tribune des Amis d'Edgar Rice Burroughs* et grand spécialiste de Tarzan, qui nous a souvent guidés dans la jungle littéraire et cinématographique des ouvrages et des films consacrés à l'homme-singe.

Conception graphique et réalisation :
Caroline Keppy et Sandrine Roux
www.keppyroux.com

ISBN : 978-2-02-100170-9

MÉMOIRES DE L'HOMME-SINGE

MOI, TARZAN

GUY DELUCHEY

SOMMAIRE

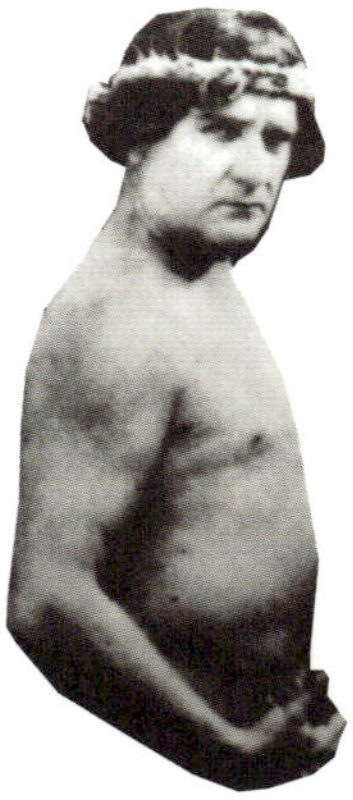

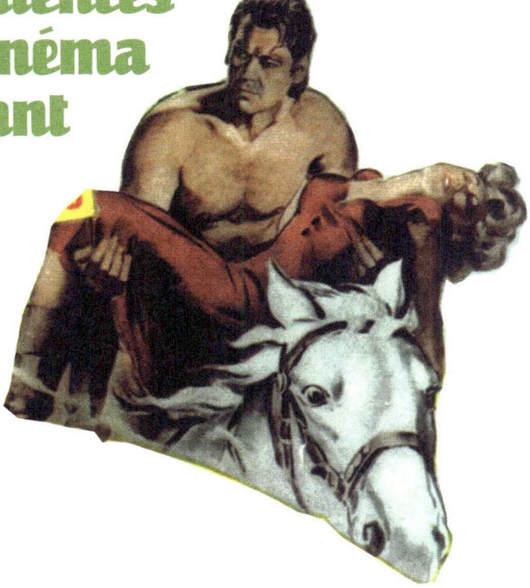

C'est à l'âge de 37 ans seulement que l'auteur américain Edgar Rice Burroughs imagine, dans un premier récit qui deviendra un livre, le personnage mythique de Tarzan qui fascinera le monde.

EDGAR RICE BURROUGHS

« Je suis Tarzan seigneur de la jungle, je suis un grand tueur... »

Je suis Tarzan, le seigneur de la jungle. Mon nom signifie « peau blanche » dans la langue des grands anthropoïdes, qui sont des cousins évolués des gorilles. Ce nom, c'est *Kala* la guenon qui me l'a donné quand elle m'a recueilli à l'âge de 13 mois malgré les réticences de *Kerchak* le chef de notre tribu et de *Tublat* son mari. *Kerchak* et *Tublat* m'ont toujours manifesté de l'hostilité parce que je ne leur ressemblais pas et que mon corps n'est pas recouvert de grands poils noirs. Mais, sous la protection maternelle de *Kala*, qui ne laissait personne m'approcher, j'ai grandi sans être trop inquiété. Quand je n'ai plus tété le sein de ma mère, j'ai appris, très jeune, à me nourrir de fruits et de racines, d'insectes et de petits rongeurs, malgré les quolibets de la tribu qui me trouvait chétif et se moquait de ma peau claire. Et aussi de viande crue, notamment de *Wappi*, l'antilope dont j'ai toujours aimé, après l'avoir tuée, dévorer une portion généreuse encore toute palpitante.

J'ai appris très tôt à chasser les animaux les plus rapides et les plus féroces de la jungle. *Numa* que les hommes appellent lion, *Sheeta* que les hommes appellent panthère ou *Horta* que les hommes appellent sanglier. La viande crue, nous en mangions aussi quand le clan capturait un membre d'une autre tribu, car pour chaque famille d'anthropoïdes, qui comprend une soixantaine de grands singes sans queue, toute créature extérieure est un ennemi et il est de règle, lorsque nous en tuons un, de nous nourrir de sa chair. Bien que mesurant 1,83 mètres, bien que fort et musclé, je

13

De nombreux illustrateurs ont ainsi représenté Tarzan chevauchant un lion et lui enfonçant son poignard de la main droite. En réalité, l'homme-singe frappait de la main gauche pour toucher le cœur de l'animal du même côté.

suis plus petit que les membres dont je partage l'existence quotidienne, qui pèsent 175 kilos et atteignent une taille de 2,15 mètres. Mais, en prenant de l'âge, j'ai rapidement remarqué que j'étais beaucoup plus souple et plus rapide qu'eux, et surtout plus intelligent. Et je me suis vite aperçu que ma vue est plus perçante que la leur et que je vois presque autant la nuit que le jour.

Mon odorat est aussi développé que les meilleurs flairs de la jungle, je sens les bêtes et les hommes à de grandes distances et la moindre brindille cassée, la moindre feuille retournée, me font découvrir une piste ou me préviennent d'un danger. À dix ans, je savais déjà grimper aux arbres et me déplacer aussi vite que le vent de branche en branche et d'arbre en arbre, bien plus vite que sur le sol. J'ai appris tout seul à tresser des cordes et à m'en servir comme d'un lasso pour étrangler mes proies et faire des tours pendables à *Tublat*. Un jour, je devais avoir une douzaine d'années, j'ai découvert la cabane où *Kala*, je l'apprendrais plus tard, m'avait recueilli dans un berceau près de deux cadavres à peau blanche. Quand j'y suis entré, j'ai bien vu deux grands squelettes, mais je n'y ai guère prêté attention, car on rencontre souvent des ossements dans la jungle. Ce qui m'a davantage intrigué, c'est un curieux ustensile constitué d'un manche et d'une lame très tranchante. J'ai vu tout de suite le parti que je pouvais en tirer et c'est grâce à ce nouvel ami que j'ai pu tuer d'abord *Tublat*, qui me persécutait vraiment trop, puis le méchant chef *Kerchak*, qui, en vieillissant, devenait de plus en plus agressif et terrorisait notre tribu. Ces jours-là, j'ai posé mon pied sur leur gorge et j'ai poussé le terrible cri de triomphe des grands singes, un hurlement terrifiant destiné à porter le plus loin possible la nouvelle de la victoire. Je faisais ainsi savoir à toute la jungle que j'étais devenu le roi des singes et un tueur redoutable à qui l'on doit le respect. Peu de temps après, j'ai aperçu mon premier homme, qui était noir et qui venait de transpercer d'un grand trait lancé à distance le cœur de ma mère *Kala*. C'était le guerrier *Kulonga*. Je l'ai suivi par le chemin des arbres, je l'ai tué pour venger ma mère et je lui ai pris ses armes. J'ai alors appris à me servir du grand bâton à la corde tendue qui lance des traits redoutables, ce qui a fini d'affirmer ma supériorité sur les grands singes. Depuis, je suis devenu leur chef incontesté, je suis le seigneur de la jungle !

Ainsi m'a conçu, créé et façonné un homme un peu idéaliste à l'imagination féconde qui a commencé à inventer et à raconter mon histoire dans le numéro d'octobre 1912 du magazine *The All-Story* à Chicago, et deux ans plus tard sous forme d'un livre qui a aussitôt rencontré un énorme succès. Le récit s'intitulait *Tarzan chez les singes*. Et son auteur, celui qui a forgé mon personnage de toutes pièces parce qu'il croyait naïvement que « si l'homme revenait à son état naturel il deviendrait maître de l'environnement », s'appelait *Edgar Rice Burroughs*. *Edgar Rice Burroughs* a vécu une enfance heureuse dans une famille de Chicago qui possédait une petite entreprise de distillation industrielle.
De santé un peu fragile, il est sans doute plus roma-

Tarzan
JOE KUBERT

EDGAR RICE BURROUGHS

TARZAN
ET LA CITÉ DE L'OR

COLLECTION TARZAN

TARZAN
CHEZ LES SINGES
par Edgar Rice Burroughs
A. FAYARD et Cie
CINQ FRANCS

En 1926, à l'initiative de l'éditeur Fayard, paraît pour la première fois en France *Tarzan chez les singes*. Douze ans après les États-Unis, il rencontre le même considérable succès auprès des lecteurs.

nesque que travailleur. À 17 ans, il est néanmoins admis à l'Académie militaire du Michigan où il rêve de marcher sur les traces d'un père qui a été colonel de cavalerie pendant la guerre de Sécession. Mais il n'est pas très doué pour les examens et il rate son entrée à Westpoint. Alors il maquille son âge et s'engage en 1893 – il a tout juste 18 ans – dans le 7e régiment de cavalerie qui opère dans les provinces apaches… dont il est libéré un an plus tard pour insuffisance cardiaque.

Finis les rêves d'aventures, il faut bien exercer un métier. Il travaille un temps dans la fabrique paternelle et se marie en 1900, sans le sou, avec Emma qui l'accompagne quand il va rejoindre son frère chercheur d'or. Ils ne font pas fortune. Retour à Chicago où les petits emplois vont se succéder : policier pour clochards, cheminot, représentant en ampoules électriques, livreur de glace, comptable. En 1906 une fille, en 1909 un garçon, le couple vivote. Mais c'est un nouveau petit métier qui déclenche l'étincelle. Il place des petites annonces publicitaires dans de modestes journaux qui publient aussi des récits fantastiques – c'est la vogue des feuilletons. Un soir, en rentrant, il dit à sa femme : « Je n'aurais pas de peine à écrire mieux. » Agacée, elle répond : « Alors, qu'attends-tu pour le faire ? » Ça tombe bien, devenu distributeur de taille-crayons, les affaires n'étant pas reluisantes, il a du temps pour écrire. Il n'invente pas tout de suite mon personnage. Il commence par créer celui de *John Carter* à la conquête de la planète Mars. Succès immédiat auprès des lecteurs de *The All-Story* qui en redemandent. Mon père spirituel songe alors à raconter les aventures d'un chevalier du Moyen Âge, mais, à l'époque, l'Amérique se passionne davantage pour l'Afrique. Mon créateur imagine alors un être sauvage élevé dans la jungle par des primates. En gestation depuis le 31 décembre 1911, le récit est achevé le 14 mai 1912 et paraît en feuilleton quelques mois plus tard sous le titre *Tarzan chez les singes*. Accueil enthousiaste. À tel point qu'une suite, *Le Retour de Tarzan*, est publiée rapidement… dans une revue concurrente, *New Story*. Deux ans plus tard, c'est la consécration et la réussite planétaire : *Tarzan chez les singes* est édité sous forme de livre chez McClurg, suivi de 25 titres traduits dans le monde entier !
Et dans tous ces livres, l'enfant élevé par *Kala*, devenu orphelin puis roi des singes, vit des aventures saisissantes. Au plus profond d'une jungle africaine inexplorée, qui cache parfois des peuplades et des animaux inconnus, j'ai lutté contre les hommes-léopards et affronté les monstres marins d'un territoire interdit ; je me suis lié d'amitié avec *O-Mat* le pithécanthrope et j'ai chevauché le *gryf*, grand carnivore aux petits yeux jaunes sorti de la préhistoire ; j'ai eu maille à partir avec des adeptes de César persuadés que l'Empire romain existe toujours ; j'ai découvert l'or de la cité morte d'*Opar* et dans un monde de lilliputiens, j'ai lutté contre les hommes-fourmis.

Mais il y a peut-être plus étonnant : moi, *Tarzan*, roi de la jungle et des grands singes, je me suis instruit tout seul en découvrant dans la cabane au couteau un alphabet illustré pour enfants à partir duquel – A comme Arc, B comme bébé – j'ai appris à lire et écrire la langue des hommes avant de la parler.

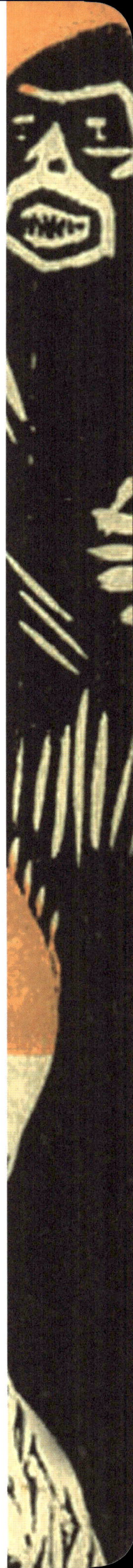

À partir de 1937, avec *Tarzan s'évade*, et jusqu'en 1996, avec *Tarzan l'indomptable*, Hachette publiera 17 titres consacrés à l'homme-singe, y compris dans la collection de la Bibliothèque verte.

Puis, à l'âge de 22 ans, je me suis volontairement aventuré dans le monde étrange de la civilisation, où l'on fait cuire la viande pour la consommer, après avoir rencontré *Jane*, une superbe jeune femme de 19 ans aux cheveux d'or, qui accompagnait son père, le professeur *Porter*, dans une expédition africaine. Oui, moi le fils de *Kala* la guenon, *Tarzan* le grand tueur de fauves, j'ai traversé mers et océans en compagnie du lieutenant *Paul d'Arnot*, un officier de marine français que je venais de sauver des cannibales et qui m'a appris à parler l'anglais et le français, pour rejoindre, dans le Wisconsin, celle qui est devenue ma femme – le professeur *Porter* était aussi pasteur, il nous a mariés en pleine jungle dans la cabane au couteau ! Et pour atteindre l'Amérique, je suis passé par la France. J'ai visité Paris, j'ai fumé des cigarettes, j'ai bu de l'absinthe et je suis même allé à l'Opéra !
Je croyais alors avoir tout vécu à travers les livres à succès de mon père créateur, traduits et vendus dans le monde entier, quand une bien plus grande aventure est venue s'ajouter à mon existence pourtant très mouvementée : l'arrivée de l'image qui bouge, puis de l'image qui bouge et qui parle, appelée cinéma. En 1918, on propose à l'homme qui m'a inventé, d'ailleurs très demandeur, de porter, comme on dit dans la civilisation, mes aventures à l'écran. Mais quelles aventures ? L'homme, qui ne se risque généralement dans la jungle que pour tuer par plaisir ou par cupidité alors que les bêtes tuent pour se nourrir, allait-il, fidèlement, retracer la vie quotidienne d'un enfant élevé par une guenon ? Le cinéma allait-il seulement donner de moi l'image d'un être sauvage n'émettant que les vagues grognements des grands singes ? N'aurait-il pas tendance à occulter l'autre aspect de mon personnage, l'homme civilisé que je suis devenu par amour ? Quels acteurs allait-il d'ailleurs choisir pour me figurer en chair et en os quand mon père créateur me décrivait comme « un athlète aussi musclé qu'un gladiateur mais avec les courbes adoucies d'un dieu grec » ? Et surtout, ces acteurs seraient-ils aptes à me représenter tel que m'a voulu *Edgar Rice Burroughs*, sous le double visage du chasseur en pagne et de l'homme civilisé en costume de ville ?

Depuis les pages qui m'ont enfanté, je me suis souvent posé la question. Pour obtenir la réponse – ou plutôt les réponses puisque les images qui bougent et qui parlent se sont emparées de moi dans 43 films où m'ont incarné 17 acteurs – j'ai donc décidé d'explorer résolument la jungle cinématographique. Avec les yeux perçants de *Sabor* la lionne qui trouent l'épaisse forêt vierge de deux éclairs orangés…

EDGAR RICE BURROUGHS

TARZAN S'ÉVADE

HACHETTE

20

Tarzan et les homme-fourmis, édité à Chicago en 1925, fut publié en France en 1970, 1988 et 1995. Il s'agit là de l'un des meilleurs livres de Edgar Rice Burroughs. Le cinéma, hélas !, ne s'est jamais aventuré dans cette jungle lilliputienne.

En 1914, les aventures de *Tarzan des singes*, publiées jusqu'ici dans la revue *All-Story*, sont regroupées par l'éditeur américain McClurg sous la forme d'un livre. Vingt-cinq autres volumes dédiés au seigneur de la jungle suivront.

P. 22-23
Le territoire de Tarzan, c'est toute la jungle africaine, sans souci des frontières. Né dans une cabane, sur la côte ouest de l'Afrique, l'homme-singe, devenu adulte, installera sa plantation Greystoke à l'extrémité est du continent noir en compagnie de Jane. 3 000 kilomètres parcourus par le chemin des arbres !

Cités perdues
A.E.F.
Congo
ROYAU
Huri
ASHAIR
Bonga
CONGO BELGE
Loango
PAL UL DON
ANGOLA
CABANE NATALE DE TARZAN
1er VILLAGE WAZIRI
ROUTE D'OPAR
OPAR

SOUDAN
XARATOR
ATHNÉ
ZULI
CATHNE
DES GORILLES
Neubari
L'EMPIRE
PEROU
MIDIAN
ROYAUME DU SEPULCRE
ET CITÉ
DE NIMMR
Lac Rodolphe
PLANTATION
GREYSTOKE
Nairobi
KENYA
Kilimanjaro
Wilhemstal
Tanga
FORÊT D'EPINES
EST AFRICAIN
ALLEMAND
XUJA
VALLÉE DU PALAIS
DES DIAMANTS
RHODÉSIE

« Tarzan ne savait pas pourquoi il la caressait, il n'avait jamais vu de femme blanche auparavant. » Cette phrase naïve, sur l'affiche du premier film qui lui est consacré en 1918, résume parfaitement l'état d'esprit des spectateurs de l'époque, intrigués et fascinés par la vie étrange de cet homme-singe élevé par des anthropoïdes.

ELMO LINCOLN

La peur du vide

Je suis né en pleine jungle, dans la cabane en bois construite par *John Clayton*, lord d'Angleterre de la lignée des *Greystoke*, à l'issue de la mission que lui avait confiée l'Office colonial britannique, qui se termina de façon tragique sur une côte de l'Afrique occidentale. Après avoir embarqué à Douvres, puis loué à Freetown une brigantine baptisée *Fuwalda*, *John Clayton* avait été lâchement abandonné avec sa femme *Alice* par des mutins sans scrupules dans une région hostile du delta du Congo, à l'orée de la plus opulente des brousses ! *John Clayton* construisit à la hâte une cabane entre quatre arbres qui formaient un rectangle avec les caisses de provisions, leurs malles personnelles et les outils que les matelots leur avaient laissés. Il lui fallait protéger sa jeune épouse qui attendait un enfant contre les animaux sauvages que ne manquait pas d'abriter l'épaisse forêt vierge où les mutins venaient de les débarquer, avec quelques armes, fort heureusement.

Entre les piaillements des petits singes et le cri terrifiant de la panthère, la vie des *Clayton* devint rapidement un enfer. Une première fois, ils furent attaqués par un grand anthropoïde de cent cinquante kilos qu'*Alice* parvint à tuer d'une balle de revolver. Mais elle perdit alors la raison avant de donner naissance à un petit garçon « tandis qu'un léopard hurlait devant la porte et que l'écho répétait le rugissement rauque d'un lion ». Un an plus tard, elle s'éteignit doucement. Et puis l'inévitable arriva : *John Clayton* fut tué par le grand singe appelé *Kerchak*, chef de ma future tribu. Mais ce jour-là, la guenon *Kala* qui l'accompagnait et qui venait de perdre tragiquement son petit tombé d'un arbre, se pencha sur mon berceau et s'empara de moi avant de m'emporter dans les arbres, poussée par un puissant instinct maternel.

***Edgar Rice Burroughs* vient de me donner naissance dans son premier livre.** Le récit de ma vie de petit d'homme élevé par une guenon rencontre un succès littéraire mondial. Six ans plus tard, en 1918, le cinéma, qui ne parle pas encore, entreprend de raconter mon histoire. Et c'est en Louisiane que le réalisateur *Scott Sidney* commence le tournage pour le compte de la *National Film Corporation of America*, du premier film dont je suis le héros : *Tarzan chez les singes*.

Pour m'incarner, il choisit non pas un, mais deux acteurs, puisque ce premier film qui m'est consacré, suit d'abord l'évolution d'un jeune garçon qui court nu dans la jungle. *Gordon Griffith*, jeune acteur connu pour des rôles d'enfant, fera naturellement l'affaire. Pour figurer *Tarzan* en pleine force de l'âge, le choix est plus difficile. Trente-cinq candidats se présentent. *Scott Sidney* compte sur le métier de *Elmo Lincoln,* qui s'est déjà fait remarquer dans les épiques séquences babyloniennes d'un film intitulé *Intolérance*, réalisé par *David Wark Griffith*.

26

Qui fut le premier véritable Tarzan du cinéma ? Stellan Windrow, acteur d'origine suédoise, dont l'agilité et la fine musculature lui permirent de doubler l'acteur principal dans les séquences qui se déroulaient en haut des arbres ou…

Bon acteur, sans aucun doute, *Elmo Lincoln*. Mais pas vraiment ressemblant au Tarzan enfanté par l'imagination bouillonnante de *Edgar Rice Burroughs*. Fils d'immigrés, il tient de ses parents allemands un teint plutôt pâle. Il a le muscle blême alors que mon créateur ne manque jamais de me décrire comme un géant bronzé, même si mes congénères anthropoïdes m'ont baptisé « peau blanche ». Sa silhouette est plutôt massive. Il manque un peu de souplesse. Je peux même vous révéler un petit secret que seules les personnes présentes sur le tournage de *Tarzan chez les singes*, qui avait lieu au beau milieu des marais de Louisiane, dans l'opulente petite ville de *Morgan*, connaissaient : *Elmo Lincoln* avait peur du vide et ne jouait que dans les scènes quise déroulaient près du sol ! Dans les séquences où il devait être perché sur des branches d'arbre, c'est *Stellan Windrow*, un acteur d'origine suédoise dont les parents médecins sont venus s'installer à Chicago, qui le double !

Que dire par ailleurs de la tenue vestimentaire de *Elmo Lincoln*, sinon qu'elle ne correspond pas vraiment au simple pagne en peau de daim que je me contente de porter. *Scott Sidney* aurait-il mal lu *Tarzan chez les singes ?* Très tôt, dans ce premier livre, *Edgar Rice Burroughs* raconte que lorsque j'ai tué le guerrier noir *Kulonga* pour venger ma mère *Kala*, je ne me suis pas contenté de lui dérober ses armes, mais aussi son pagne que je porterai désormais, ce qui, d'ailleurs, m'a distingué à jamais de mes frères les grands singes.

…Elmo Lincoln, dans le rôle-titre, épaisse toison de peau de bête autour du torse, triple ou quadruple rouleau de corde sur l'épaule ? Censure oblige : le cinéma de l'époque n'a pas pu l'habiller du simple pagne que porte Tarzan dans tous les livres de Edgar Rice Burroughs.

P. 28-29
Davantage marécage que jungle, le paysage de Morgan City, en Louisiane, où fut tourné *Tarzan chez les singes*, intéressait le réalisateur, Scott Sidney, car de nombreux arbres pliés par le vent jusqu'à toucher le sol formaient des couloirs aériens propices au tournage.

Epaisse perruque retenue par un bandeau frontal, silhouette plutôt massive, Elmo Lincoln qui incarne le seigneur de la jungle dans *Tarzan chez les singes*, le premier film (muet) consacré au héros de Burroughs, ferait sourire le spectateur d'aujourd'hui. Mais les aventures, très nouvelles pour l'époque, d'un homme-singe vivant dans la jungle, vont alors passionner les foules.

P. 32-33
Près de sa cabane natale, Tarzan est amené à protéger les membres de l'expédition du professeur Porter. Surtout Jane, la fille de ce dernier, dont l'homme-singe va tomber amoureux. Épisode dramatique du film, plutôt fidèle au premier roman : Tarzan tient dans ses bras sa mère nourricière, la guenon Kala, tuée par le guerrier Kulonga. Il la vengera.

Ce modeste morceau de peau de daim aurait-il été jugé indécent ? En tout cas, celui que porte *Elmo Lincoln* est bien plus large qu'un simple pagne, puisqu'il est apparemment constitué de plusieurs couches de peaux de bêtes qui enveloppent généreusement sa taille, un triple ou quadruple rouleau de cordage, figurant peut-être des lianes, s'enroulant sur une épaule, la gauche le plus souvent. Quant à sa coiffure, elle est constituée d'une épaisse et longue perruque, retenue par un bandeau qui lui enserre le front, dont je soupçonne qu'elle devait s'accrocher aux branches des arbres durant les scènes de tournage ! Est-ce pour lui donner une allure plus virile ? Voilà qui ne cadre guère avec mon propre personnage. J'ai d'assez longs cheveux, certes, mais *Edgar Rice Burroughs* prend soin de préciser que, pour ne pas les laisser trop pousser, je trempe mon couteau dans l'eau et les coupe régulièrement. De même que j'en passe souvent la lame mouillée sur mon visage pour ne pas donner libre cours à de longs poils qui me feraient ressembler à mes frères les grands singes, dont je tiens absolument à me distinguer depuis que j'ai pris l'habitude de contempler longuement mon reflet dans l'eau. Quant à l'actrice choisie pour incarner *Jane*, qui se nomme *Enid Markey*, brune au visage un peu rond, elle est franchement loin d'être aussi jolie que *Jane Porter*, la jeune fille blonde qui est devenue ma compagne dans l'imagination de *Edgar Rice Burroughs*.

Quoi qu'il en soit, la silhouette insolite de ce premier *Tarzan* de cinéma, l'évocation en images de ma singulière vie sauvage surtout, furent très favorablement accueillies par le public, qui apprécia tout autant la suite tournée la même année – sous la conduite d'un autre réalisateur, *Wilfred Lucas*, mais toujours avec *Elmo Lincoln* – intitulée *Le Roman de Tarzan*. Les deux films, il est vrai, sont plutôt fidèles au premier livre de *Edgar Rice Burroughs*. D'enfant élevé par une guenon je deviens adulte, tombe amoureux de *Jane* – c'est la fin du premier film –, la rejoint dans l'État du Wisconsin où je conduis même une automobile. J'apprends alors que je suis le riche héritier d'un noble anglais nommé *Greystoke*, issu d'une grande lignée de lords, ce dont je me moque franchement parce que je crois *Jane* promise à un autre. Alors, de dépit, je retourne dans ma sauvage forêt vierge. C'est déjà l'intrigue du *Retour de Tarzan*, le deuxième livre de *Edgar Rice Burroughs*, qui intéresse les cinéastes à l'affût. Dans la jungle cinématographique, bruisse en tout cas une rumeur selon laquelle on devrait tourner d'autres films m'incarnant, avec d'autres acteurs. D'autant que dans ce deuxième livre en question, *Jane* a finalement décidé de quitter la civilisation pour me rejoindre et mener avec moi la vie fruste et merveilleuse du roi des singes que je suis redevenu. De quoi alimenter l'imagination des scénaristes…

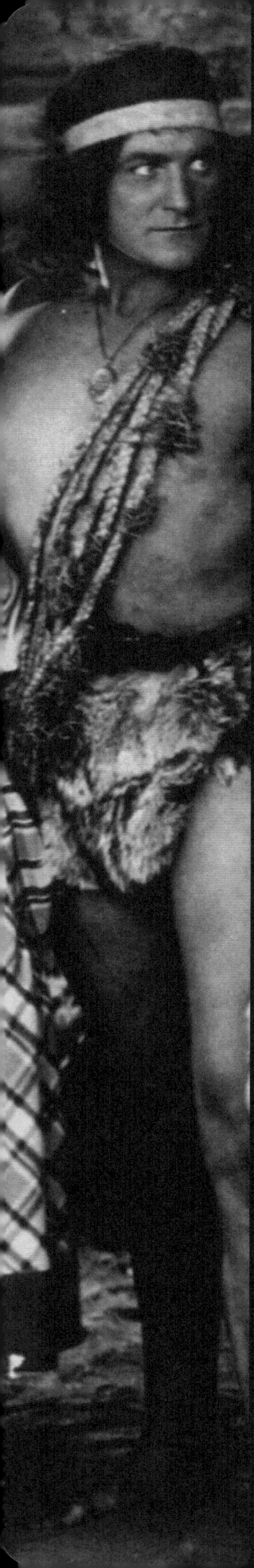

Sept lions (apprivoisés) dans la jungle de Lakewood, en Floride, où Gene Pollar incarne le deuxième Tarzan du cinéma.

GENE POLLAR

L'infortune d'un pompier de New York

Dans la jungle si féconde, on passe le plus clair de son temps à rechercher sa nourriture : on cueille des fruits gorgés de soleil, on ramasse des baies succulentes, on déterre des racines et des tubercules et surtout l'on chasse pour manger de la viande fraîche. Jamais plus qu'il ne faut, juste pour notre consommation, c'est ce que l'on m'a appris dans ma tribu des anthropoïdes.

Quand je suis entré dans la civilisation, j'ai découvert que les hommes ont inventé l'argent et que, depuis, ils ne peuvent plus s'en passer, y compris pour se procurer leur nourriture. L'homme qui m'a inventé, *Edgar Rice Burroughs*, aimait lui aussi l'argent. Il en a d'ailleurs gagné beaucoup après avoir imaginé mon personnage d'homme sauvage qui n'en soupçonnait même pas l'existence.
Avec ses livres bien sûr, mais aussi avec les deux premiers films qu'ils ont inspirés. C'est d'ailleurs sûrement pour une question d'argent que mon créateur s'est chamaillé avec la firme de cinéma qui m'a porté à l'écran, la *National Film Corporation of America*, au point d'accorder les droits d'un troisième Tarzan à la *Numa Pictures*, qui n'a pourtant pas la réputation de produire des œuvres de grande qualité. Pour ce film, basé sur le deuxième livre et intitulé, comme lui, *Le Retour de Tarzan*, la *Numa* contacte *Elmo Lincoln*. Mais l'acteur est déjà engagé avec *Universal* pour le tournage d'un « serial », suite de quinze petits épisodes réunis sous le titre *Les Dernières Aventures de Tarzan*. Un des trois frères *Weiss*, qui co-dirigent la *Numa*, remarque justement à New York un pompier de 28 ans, *Joseph Pohler*, qui mesure dans les deux mètres, qui pèse un quintal et qui aspire à devenir acteur. On l'engage sous le nom de *Gene Pollar*, jugé plus adapté à l'art cinématographique, on le paye royalement 100 dollars par semaine.

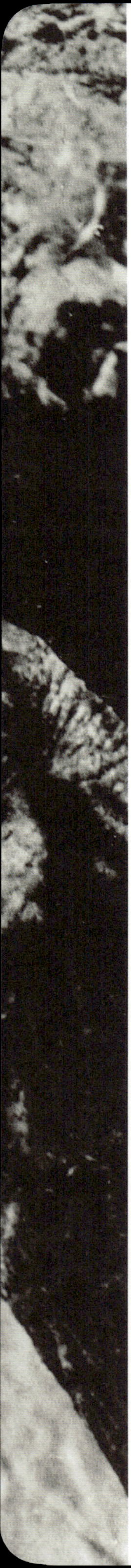

Joe Martin, l'orang-outan qui était déjà apparu à l'écran aux côtés de Elmo Lincoln, était presque plus célèbre que Gene Pollar, le rôle-titre du film *La Revanche de Tarzan*.

P. 38-39
Deux affiches pour un film : la Numa Pictures craignait en effet que le mot « retour » fasse penser à un remake et décida de le remplacer par le mot « revanche ».

Pour le tournage, qui a lieu en studios à New York, mais aussi à Lakewood, que l'on appelle la jungle de la Floride, et sur la côte californienne de Balboa pour les scènes à caractère nautique, *Harry Revier*, le réalisateur, semble ne pas manquer de moyens : on reconstitue une nature exubérante avec cinquante tonnes de palmiers, de bananiers et toutes sortes de plantes exotiques, on s'entoure de sept lions qui font d'ailleurs fuir *Evelyn Fariss* la première *Jane* pressentie (c'est finalement une actrice du nom de *Karla Schramm* qui obtient le rôle), on s'offre même le concours d'un éléphant apprivoisé nommé *Charlie* et de *Joe Martin*, singe facétieux déjà connu à l'écran. Mais le résultat n'est pas tout à fait à la hauteur des espoirs soulevés. Comme à leur habitude, les trois frères *Weiss* cherchent à faire des économies et, à sa sortie, en 1920, le film est réduit de neuf à sept bobines. À la dernière minute, il est même rebaptisé *La Revanche de Tarzan* parce que l'on craint que le mot « retour » fasse penser à la réédition d'un vieux film.
Les commentaires de la critique sont plutôt contrastés. Le *Moving Pictures Herald* déplore : « Ce film n'apporte aucune nouveauté. » Le *Motion Pictures News*, au contraire, s'enthousiasme : « La tension est continue et la direction des acteurs parfaite. » Pourtant, si la réalisation divise les spécialistes, le film, qui suit plus ou moins l'intrigue de *Edgar Rice Burroughs*, est bien accueilli par le public. Les spectateurs de l'époque, il est vrai, ont besoin de dépaysement et d'exotisme, et l'audace littéraire de *Edgar Rice Burroughs*, qui ne craint pas de me dépeindre sous le double aspect de l'homme sauvage de la jungle et de l'homme raffiné qui s'adapte plutôt bien à la civilisation dans laquelle il est entré pour l'amour de *Jane*, semble les enchanter plutôt que les déconcerter.

L'histoire racontée dans *Le Retour de Tarzan* est d'ailleurs tout à fait symbolique des deux facettes de mon personnage. Tout commence à bord d'un paquebot se dirigeant vers la France où je vole au secours de la *comtesse de Goude*, persécutée par son frère *Rokoff*, qui va devenir mon implacable ennemi et qui parvient à me jeter par-dessus bord. Je finis par atteindre les côtes de l'Afrique du Nord et de là, rejoignant Paris, je rends visite à mon vieil ami le lieutenant de vaisseau *Paul d'Arnot*. Puis, après un duel avec le mari de la comtesse qui croit que je le trompe avec son épouse, je repars pour l'Afrique, juste à temps pour sauver *Jane* des griffes d'un lion et de celles de *Rokoff*.

NUMA PICTURES CORP
prese
"REVEN
OF TAR
BY
Edgar Rice B
Direct
HARRY R
Supervising
GEORGE M. M
Release
Goldwyn
CORPORA

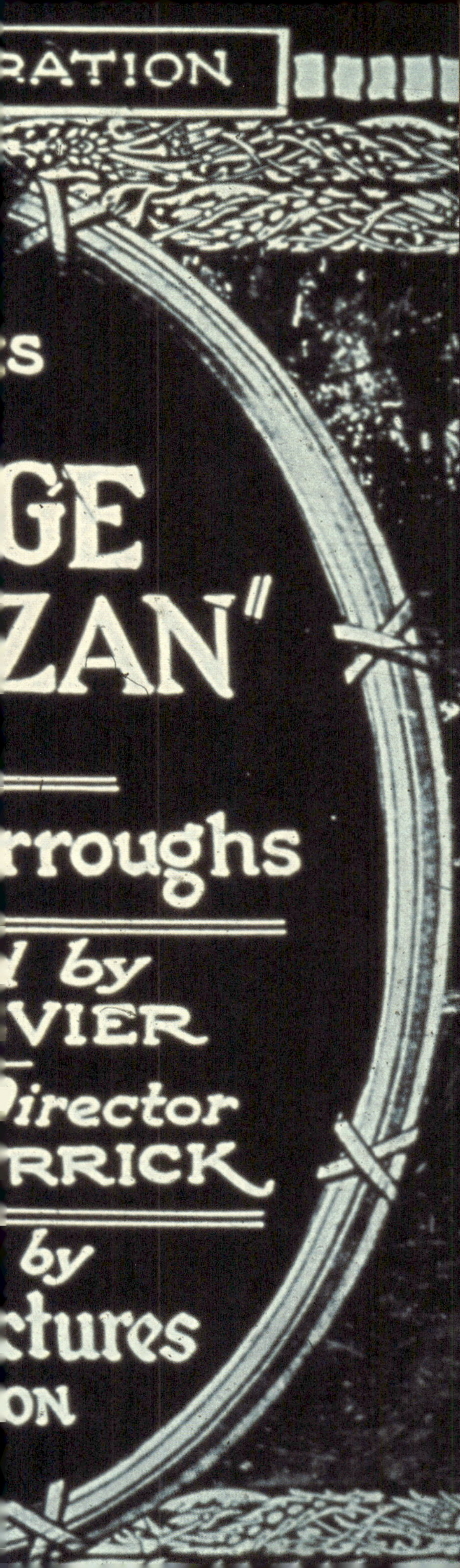
RATION
S
GE
ZAN"
rroughs
d by
VIER
Director
RRICK
by
ctures
ON

NUMA PICTURES CORPORATION PRESENTS
"THE RETURN OF
TARZAN"

41

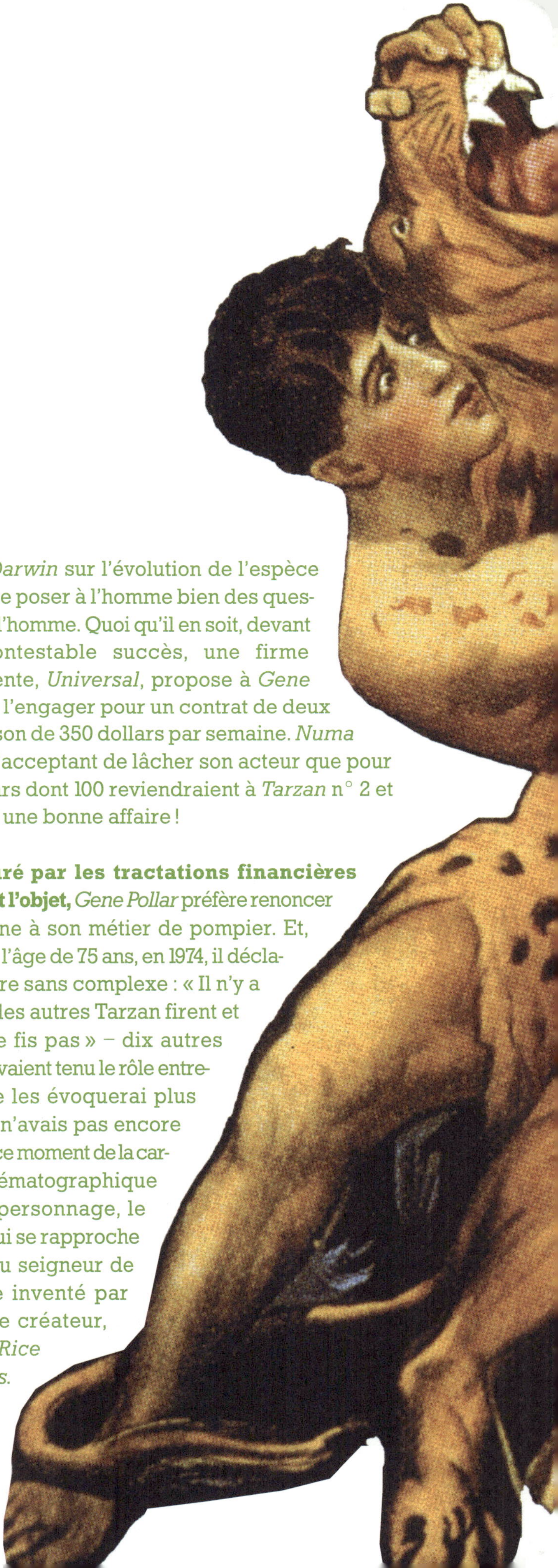

À grand renfort de plantations exotiques, Harry Revier, le réalisateur de *La Revanche de Tarzan*, a reconstitué une jungle opulente.

P. 42-43 Ce fut donc, aux États-Unis du moins, « the revenge » (la revanche) de Tarzan. Gene Pollar tenait à jouer en pagne, la censure lui imposa une peau de panthère montant jusqu'à l'épaule. Karla Schramm, elle, est une Jane aux cheveux bruns.

Si la critique, très divisée, reproche un manque de relief dans la réalisation, c'est sans doute pour des raisons techniques qui échappent plus ou moins au grand public. Mais aussi parce que, dans l'ensemble, le jeu des acteurs choisis laisse à désirer.

La très belle *Estelle Taylor*, en *comtesse de Goude*, rallie les suffrages, mais la brune *Karla Schramm*, dans le rôle de *Jane* – nous sommes assez loin de « la fille aux cheveux d'or » évoquée par *Edgar Rice Burroughs* –, paraît un peu empruntée. Quant à *Gene Pollar*, ses qualités d'acteur ne sont pas vraiment évidentes. On dit qu'ayant lu *Tarzan chez les singes*, il avait manifesté le désir de tourner en pagne, afin de respecter la description que fait de mon personnage l'auteur dont les hommes de cinéma s'inspirent. Mais la censure de l'époque n'a rien voulu savoir. Et si la tête de *Gene Pollar* n'est pas enserrée dans un bandeau comme celle de *Elmo Lincoln*, son large pagne, ou plutôt son ample culotte en peau de panthère, se prolonge en bandoulière sur son épaule droite, ce qui ne met guère en valeur sa musculature. Ses cuisses, même, sont en partie dissimulées par des jambières ! Et, pour tout dire, avec son grand nez, ce deuxième acteur qui m'incarne n'évoque pas vraiment le visage d'Apollon bronzé aux yeux gris que me prête *Edgar Rice Burroughs* dans ses ouvrages. Mais bon, il faut le redire, le film ne déplaît pas aux spectateurs de l'époque, très influencés au demeurant par les théories de *Darwin* sur l'évolution de l'espèce qui font se poser à l'homme bien des questions sur l'homme. Quoi qu'il en soit, devant cet incontestable succès, une firme concurrente, *Universal*, propose à *Gene Pollar* de l'engager pour un contrat de deux ans à raison de 350 dollars par semaine. *Numa* refuse, n'acceptant de lâcher son acteur que pour 800 dollars dont 100 reviendraient à *Tarzan* n° 2 et réalisant une bonne affaire !

Écœuré par les tractations financières dont il est l'objet, *Gene Pollar* préfère renoncer et retourne à son métier de pompier. Et, bien qu'à l'âge de 75 ans, en 1974, il déclarait encore sans complexe : « Il n'y a rien que les autres Tarzan firent et que je ne fis pas » – dix autres acteurs avaient tenu le rôle entre-temps, je les évoquerai plus loin –, je n'avais pas encore trouvé, à ce moment de la carrière cinématographique de mon personnage, le *Tarzan* qui se rapproche le plus du seigneur de la jungle inventé par mon père créateur, *Edgar Rice Burroughs*.

NUMA PICTURES CORPORATION PRESENTS
"THE REVENGE OF
TARZAN"
BY EDGAR RICE BURROUGHS DIRECTED BY HARRY REVIER SUPERVISING DIRECTOR GEORGE M. MERRICK
RELEASED BY GOLDWYN PICTURES CORPORATION

Un tantinet... bedonnant, Perce Dempsey Tabler avait déjà 41 ans lorsqu'il incarna le troisième Tarzan de cinéma. Pas très convaincant...

PERCE DEMPSEY TABLER

Le chanteur qui perdait ses cheveux

Le succès populaire de ces trois premiers films ne se dément pas. Visiblement, les spectateurs apprécient le récit en images de ma vie d'homme sauvage, capable de plonger sous un crocodile pour lui ouvrir le ventre ou de rattraper un daim à la course, pour à la fois s'en nourrir et en extraire les ligaments des tendons qui feront d'excellentes cordes pour mes arcs.

Ils apprécient aussi ma faculté à me transformer, au cours de mes incursions dans le monde civilisé, en élégant lord anglais parlant plusieurs langues et dialectes. Mais, visiblement, les hommes de cinéma, qui lisent les œuvres de mon créateur, ne sont pas vraiment satisfaits des prestations un tantinet empruntées de *Elmo Lincoln* et de *Gene Pollar*. Justement, en 1919, les relations entre la *National Film Corporation* et *Edgar Rice Burroughs* se sont pacifiées et la firme offre à mon écrivain de père 20 000 dollars pour les droits du livre *Le Fils de Tarzan*, sans compter un pourcentage sur les entrées. C'est *Harry Revier*, qui vient de réaliser *Le Retour de Tarzan*, qui sera aux commandes et, là encore, il ne manque pas de moyens, puisque la production met à sa disposition, sur l'île du Pacifique Sud où commence le tournage, plus de 300 singes, orangs-outans, gorilles et autres chimpanzés ! Mais qui pour remplacer *Elmo Lincoln* et *Gene Pollar ?* Pas de problème pour incarner ma descendance dans sa tendre enfance, ce sera une fois encore *Gordon Griffith* que les spectateurs ont déjà vu dans *Tarzan chez les singes* quand il me figurait tout jeune ; et pour représenter mon fils adolescent – dans le rôle de *Korak*, qui signifie tueur dans la langue des grands singes, tel père tel fils – on choisit *Kamuela Searle*, un acteur hawaiien qui a déjà tourné sous la direction de *Cecil B. De Mille*. Pas de problème non plus pour *Jane* : *Karla Schramm* est reconduite dans le rôle.

À l'époque, en 1920, les films étaient souvent proposés sous forme d'épisodes. Ce fut le cas pour *Le Fils de Tarzan* qui obtint un beau succès.

47

C’est Kamuela Searle, acteur hawaiien, qui incarnera Tarzan adolescent. Il sera, hélas !, tué par un éléphant en cours de tournage.

Dessin plutôt naïf de l'époque, représentant Korak, le fils de Tarzan, qui vient de sauver Meriem, jeune fille blanche prisonnière d'une bande d'Arabes. Elle deviendra sa fiancée.

Pour m'incarner moi, on vient de découvrir un homme de cinéma qui a contribué à fonder les studios *Paramount*, joué dans un film intitulé *Captive God*, produit des films… et chanté l'opérette pendant quatre saisons. Il a aussi une belle stature : 1,98 mètre pour 98 kilos. L'ennui, c'est son âge, 41 ans, et une fâcheuse tendance à la calvitie ! Il n'est pas chauve, mais il perd ses cheveux au point de porter une perruque qui n'est pas toujours très bien posée, ce qui n'échappe pas aux spectateurs. Et puis, il apparaît très vite que l'athlète musclé déniché par les professionnels de l'image pour incarner mon personnage ne correspond pas vraiment à la description que fait de moi *Edgar Rice Burroughs*. *Perce Dempsey Tabler* manque en effet singulièrement de souplesse. En cours de tournage, le malheureux se brisera plusieurs côtes en voulant faire ses propres cascades ! Il renoncera d'ailleurs à jouer les hommes-singes et bien lui en prendra puisqu'il se lancera dans la publicité et fera fortune.

Mais, quoi qu'il en soit, le film, qui s'achève en janvier 1921 et coûte 106 000 dollars, connaît, là encore, un réel succès, même s'il ne suit pas toujours fidèlement le livre : mon fils *Jack*, kidnappé en Angleterre, parvient à s'enfuir dans la jungle africaine avec l'aide de *Akut*, un anthropoïde qui sort du lot et avec lequel j'avais vécu des années auparavant et même noué des liens d'amitié. Extraordinaire *Akut* qui, grâce à son instinct inné de la vie bestiale, va rapidement initier mon fils à la dure vie d'homme sauvage et à la poursuite silencieuse des fauves, dans un monde végétal impitoyable où l'on doit, pour survivre, solliciter plus encore son ouïe et son odorat que sa vue. C'est grâce à lui et à ses formidables leçons de choses de la jungle que *Jack*, enfant de la ville, deviendra, dans la forêt vierge intense, *Korak* le tueur, digne successeur de moi-même, son père *Tarzan*. Expérience qui lui servira à délivrer *Meriem*, jeune fille blanche prisonnière d'une bande d'Arabes, dont il tombera amoureux avant que *Jane* et moi finissions par le retrouver au cœur de la jungle.

Une nouvelle fois, le public réagit avec enthousiasme. Il convient d'ailleurs d'ajouter que le réalisateur *Harry Revier* a fait preuve d'innovation : pour ceux qui ne connaissent pas encore mon personnage et qui ne m'ont pas vu évoluer dans les premiers films à travers les acteurs qui m'ont incarné, il a inventé de courts résumés des épisodes précédents. Il va même jusqu'à demander à un parolier et à un compositeur d'écrire une chanson intitulée *Tarzan My Jungle King*, que l'on passe dans les salles et que toute l'assistance fredonne !

Jack, le fils de Tarzan, a été enlevé en Angleterre par le méchant Paulvitch. Mais il parvient à s'enfuir et à gagner la jungle africaine en compagnie de Akut, l'anthropoïde qui va l'initier à la dure vie d'homme sauvage. Il deviendra ainsi Korak, « le tueur » en langage singe.

P. 50-51
Sorti en 1920, *Le Fils de Tarzan*, quatrième film consacré à l'homme-singe, a été tourné sous forme de « serial », soit en quinze épisodes. Gordon Griffith, qui avait déjà incarné Tarzan enfant dans *Tarzan chez les singes* (ici apprenant à lire dans sa cabane natale), joue cette fois le rôle du fils du seigneur de la jungle.

"SON of TARZAN"
"The CALL of the JUNGLE"

EPISODE Nº 1

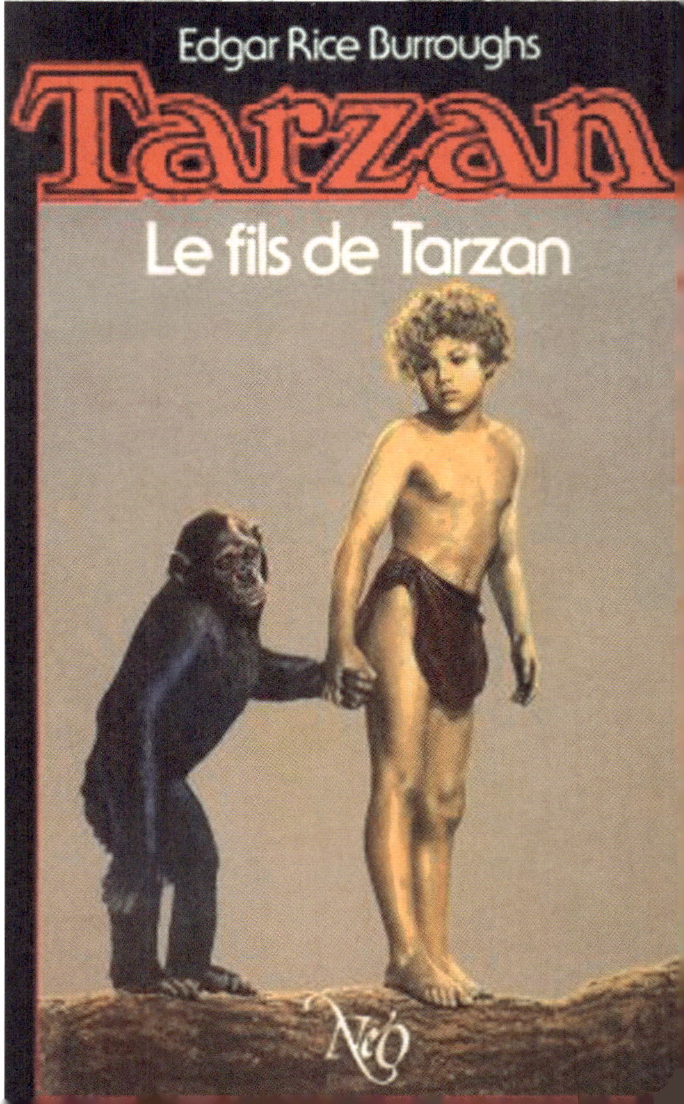
Edgar Rice Burroughs
Tarzan
Le fils de Tarzan
Néo

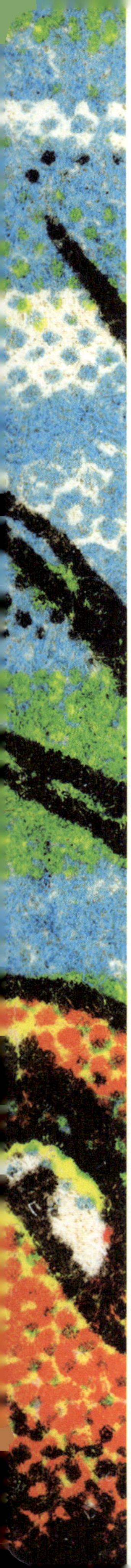

Tarzan est souvent aux prises avec un lion ou un crocodile. Il saute sur le dos du premier pour lui poignarder le flanc, il nage sous le second pour lui enfoncer son couteau dans le ventre, la partie la plus fragile de l'animal.

Le film, dans sa première partie, présente aussi une scène notable, qui a dû plaire aux spectateurs : mon mariage avec *Jane*. Mais quelle motivation a poussé *Harry Revier*, le réalisateur, à situer la cérémonie dans *Le Fils de Tarzan*, alors que c'est bel et bien dans *Le Retour de Tarzan*, son deuxième livre, que *Edgar Rice Burroughs* nous a unis pour la vie ? Passe encore pour cette entorse à la chronologie, mais quelle dérision que de voir, dans *Le Fils de Tarzan*, smoking foncé et robe blanche, *Perce Dempsey Tabler* et *Karla Schramm*, mariés dans le décor traditionnel d'une église ! La véritable cérémonie – telle que l'a décrite *Edgar Rice Burroughs* à la fin de son deuxième livre, *Le Retour de Tarzan* –, je la revois très bien, se déroulait en pleine jungle. Avant d'embarquer sur le croiseur de la marine française qui devait nous emmener en Europe, j'avais dit à *Jane* : « Les animaux sauvages sont censés ne pas éprouver de sentiments. Néanmoins, j'aimerais me marier dans la cabane où je suis né, près des tombes de ma mère et de mon père, entouré de cette jungle sauvage qui a toujours été ma patrie.
– Serait-ce bien régulier, mon chéri, m'avait répondu Jane. Si oui, je ne vois pas de meilleur endroit que les ombrages de sa forêt pour épouser mon dieu sylvestre. »
C'est ainsi que trois jours après avoir présidé à un service des morts d'une grande simplicité – l'inhumation des restes de mes parents biologiques *John* et *Alice Clayton* –, le professeur *Archimède Porter*, père de *Jane*, qui avait été ordonné pasteur dans sa jeunesse, nous a rassemblés une nouvelle fois, dans ma petite cabane natale et à l'extérieur, pour assister à un second office : celui de notre mariage. Une brève mais belle cérémonie à laquelle sa longue redingote noire et son rutilant chapeau haut-de-forme conféraient une certaine solennité. *Paul d'Arnot* était garçon d'honneur…

Mais le succès du *Fils de Tarzan* s'explique aussi par une autre raison, hélas beaucoup moins réjouissante. Durant le tournage du chapitre 15 – le film a été conçu sous forme de « serial » – *Tantor* l'éléphant, qui est mon ami dans la jungle et qui me sert souvent à parcourir de longues distances sans efforts, doit sauver *Korak* en arrachant de terre le poteau auquel il est ligoté. Mais il le soulève si violemment qu'il le casse en deux et que l'acteur hawaiien *Kamuela Searle* meurt des suites de cet épouvan-table accident ! Le film touche à sa fin. Alors, pour les dernières scènes, on fait appel à une doublure, dans la plus grande discrétion. Précaution insuffisante : le grand public a vent de la tragédie et, souvent guidé par un instinct de voyeurisme malsain, se presse pour voir le film qui montre une mort en direct !

54

Le film *Le Fils de Tarzan* comprenait une chanson intitulée « My Jungle King »... que les spectateurs reprenaient en chœur !

TARZAN MY JUNGLE KING
Written and Composed Especially for The SON OF TARZAN The World's Wonder Jungle Serial.
by Edgar Rice Burroughs
Directed by Harry Revier
NORMAN STUCKEY COMPOSER
WORDS BY OSBORNE TEDMAN
COPYRIGHT BY DAVID P. HOWELLS
729 SEVENTH AVENUE.

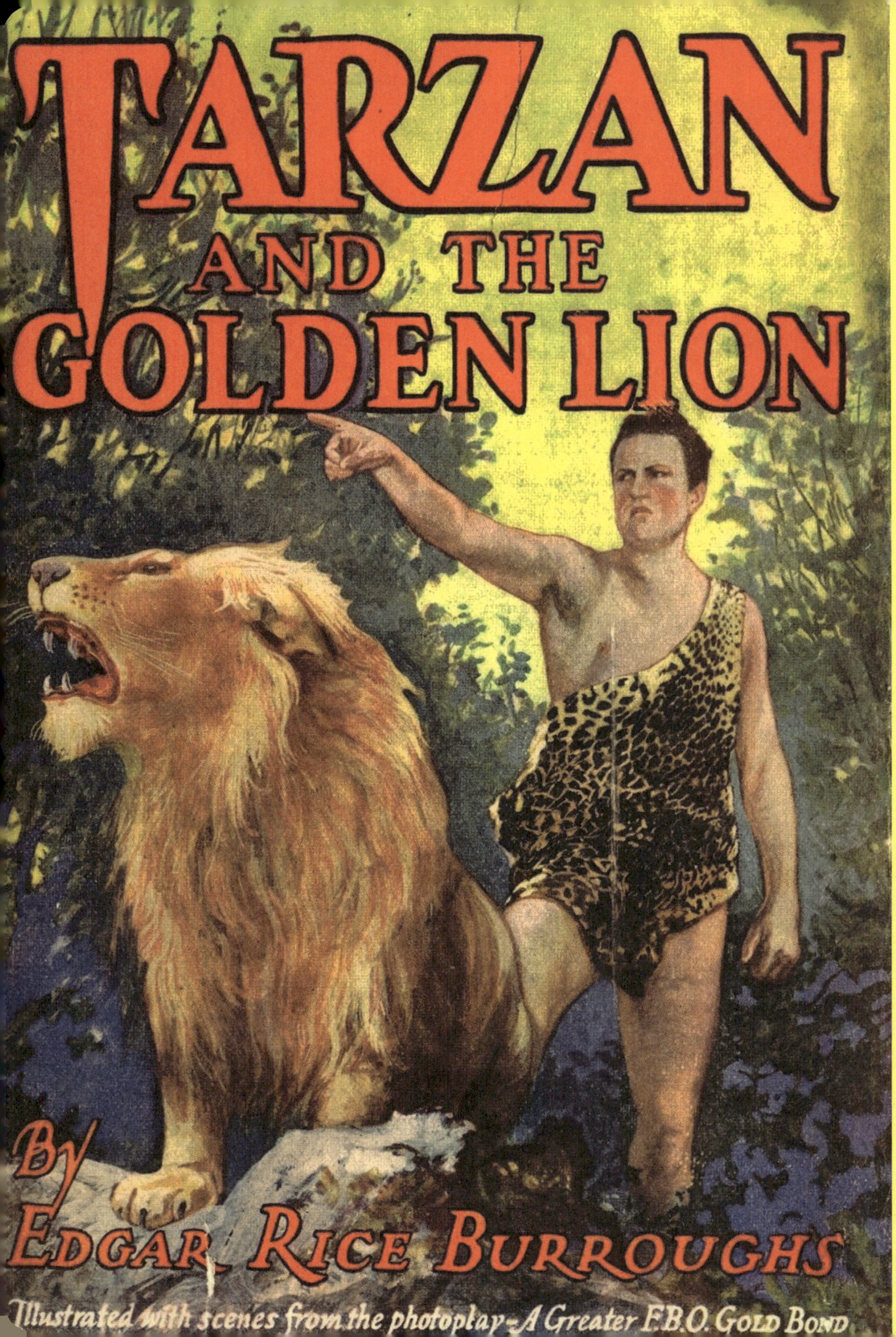
TARZAN
AND THE
GOLDEN LION
By
EDGAR RICE BURROUGHS
Illustrated with scenes from the photoplay - A Greater F.B.O. Gold Bond

Dans *Tarzan et le lion d'or*, l'homme-singe, incarné par James Pierce, commande à Jad-bal-ja qu'il a adopté très jeune.

P. 58-59
Dans le 6e film consacré à Tarzan, le seigneur de la jungle utilise encore son arc. Un peu plus tard, à l'ère du parlant, le cinéma américain oubliera volontiers que l'homme-singe, dans les romans, utilisait cette arme traditionnelle, surtout pour les besoins de la chasse.

JAMES PIERCE

L'homme à la crinière de lion

Dans ma vie d'homme sauvage, au plus profond de la jungle africaine, j'ai dû à plusieurs reprises me résigner à tuer des lions. Toujours par nécessité, parfois pour sauver un *gomangani*, homme noir de la tribu amie des *Waziri*, ou encore un *tarmangani*, homme blanc qui n'avait pas mesuré les dangers de la forêt vierge. Quand ils pénètrent dans la jungle, les hommes blancs sont rarement animés de louables intentions. Sous prétexte d'explorations scientifiques, ils sont souvent poussés par la cupidité, à la recherche de quelque trésor hypothétique ; ou, pire, ils sont guidés par le seul désir de tuer et n'hésitent pas à abattre des animaux qui ne les menaçaient même pas à l'aide de puissantes armes à feu. Quand un homme civilisé tue un lion qui ne lui a rien fait, c'est à distance, abrité derrière un fusil redoutable. Quand j'ai dû, moi *Tarzan*, fils adoptif de *Kala* la femelle anthropoïde, me résoudre à tuer un lion, c'est avec ma seule force, ma seule agilité et mon seul poignard, et toujours dans un combat singulier, au corps à corps, ce dont serait bien incapable un homme civilisé, même très fort.

La jungle m'a appris plusieurs règles essentielles concernant les bêtes sauvages, et particulièrement les lions : il ne faut jamais fuir devant elles, mais toujours, ou les prendre par surprise, ou leur faire résolument face. Le lion repu vous ignorera la plupart du temps avec une royale indifférence, le lion affamé est terriblement dangereux. Il n'est pas doté d'une grande intelligence. Il ne compte que sur sa force et attaque toujours de la même manière. Devant sa proie, il marque d'abord un temps d'arrêt. Puis, pattes arrière tendues, il s'apprête à bondir. Mais il ne réalise jamais qu'il donne lui-même à chaque fois le signal précis du moment où il va s'élancer en relevant furieusement sa queue.

C'est ce signal que j'attends, non pas pour fuir, mais au contraire pour me jeter en avant. Je passe ainsi sous l'animal, propulsé dans les airs par un bond formidable, mais complètement désorienté quand il touche le sol et qu'il ne sait plus où se trouve sa proie. Je me retourne alors très vite et bondis sur son dos, enserrant son cou de mon bras droit et, de mon bras gauche, enfonçant mon poignard dans son flanc, au plus près possible du cœur. Pourtant, je n'ai jamais éprouvé de plaisir à tuer un lion. Je fais preuve de la plus grande méfiance quand je croise *Sabor* ou *Numa* et que je les sais en chasse, donc affamés.

FBO
Distributed by
GREATER
FBO

JOSEPH P. KENNEDY
PRESENTS
EDGAR RICE BURROUGHS'
COLOSSAL JUNGLE STORY
TARZAN
ND THE
GOLDEN
LION
DIRECTED BY
J. P. MACGOWAN

EDGAR RICE BURROUGHS
TARZAN
AND THE GOLDEN LION

C'est Edgar Rice Burroughs en personne qui choisit James Pierce pour incarner l'homme-singe dans *Tarzan et le lion d'or*. L'acteur devint même son gendre. Mais, en dépit de ces nouveaux liens familiaux, l'acteur ne tourna qu'un seul film.

P. 62-63
Tarzan sauve des griffes d'un lion l'explorateur John Gordon, retenu prisonnier pendant dix ans par le peuple Tangani dans le temple aux diamants, sur lesquels lorgnent Esteban Miranda et son second Robert Bolder, deux aventuriers sans scrupules. Jane et lady Greystoke (une sœur de Tarzan inventée par le cinéma !) sont retenues dans le très riche temple aux diamants. L'homme-singe va les délivrer, bien sûr, et déloger de son trône usurpé le faux dieu-lion.

Mais les lions ne sont pas mes ennemis. Ils sont de ma race : de la race des habitants de la jungle. Un jour, ayant assisté à la mort tragique d'une lionne qu'un guerrier noir venait de transpercer de sa lance – avant qu'il ne succombe à son tour sous la dernière étreinte de l'animal rendu furieux et protégeant son enfant –, j'ai recueilli la petite boule de duvet devenue orpheline. Puis je me suis rendu au village du chef *Umunga* pour la nourrir de lait de chèvre et me procurer une chienne aux mamelles remplies qui venait de perdre ses chiots enlevés par un serpent. J'ai appris aux deux animaux à se connaître puis à s'aimer au point que la chienne baptisée *Ja*, en mal de progéniture, a fini par accepter que le lionceau la tète. Le lionceau est devenu vigoureux, je l'ai appelé *Jad-bal-ja*, ce qui signifie « lion d'or », à cause de la couleur de son pelage. Je l'ai éduqué. Aujourd'hui, *Jad-bal-ja* me suit partout, me protège et veille sur *Jane* mon épouse et *Korak* mon fils, il attaque mes ennemis si je lui en donne l'ordre.

C'est cet épisode marquant de ma vie dans la jungle qui a inspiré le film tourné en 1927 intitulé *Tarzan et le lion d'or*. Cette fois, c'est une autre firme, la *Film Booking Offices* (devenue plus tard *RKO*) qui, encouragée par le succès des réalisations précédentes, flaire la bonne affaire. Elle n'a même pas à chercher l'acteur qui va m'incarner.

edgar rice burroughs
Tarzan
tarzan et le lion d'or
édition spe ale
8

Édité en 1970 par Jean-Claude Lattès, *Tarzan et le lion* d'or possède une couverture illustrée par Russ Manning. Au cours de cette aventure périlleuse, l'homme-singe manque de périr sous le poignard de Lâ, la grande prêtresse.

Edgar Rice Burroughs en personne le déniche au cours d'une soirée organisée en l'honneur de sa fille dans le ranch de 250 hectares qu'il a acheté près de Los Angeles en 1919 pour se rapprocher du milieu du cinéma – à cette époque, il gagnait déjà beaucoup d'argent. Ce ranch, situé dans la petite ville de *Reseda*, il l'a baptisé *Tarzana*. Et comme sa notoriété est déjà grande, la commune décide de changer de nom et de s'appeler, elle aussi, *Tarzana.* Elle existe toujours et mon image est présente partout – jusque dans le bureau de poste orné d'une peinture d'un grand artiste appelé *Allen Saint-John* qui me représente terrassant un lion. C'est de là, dans ce qui est devenu un véritable « Musée *Tarzan* et *Edgar Rice Burroughs* », que les descendants de mon père écrivain négocient, et fort habilement ma foi, les droits d'exploitation de mon personnage.

Mais revenons à cette fameuse soirée dans le ranch. Parmi les invités, *Edgar Rice Burroughs* repère un garçon qui mesure dans les deux mètres, ancien demi-centre de football à l'université d'Indiana dont il est sorti diplômé en 1921, devenu entraîneur en Arizona puis en Californie. Il s'arrange pour lui faire passer un petit bout d'essai. *James Pierce*, c'est son nom, est choisi pour le film qui, dirigé par un certain *McGowan*, suit plus ou moins le livre dont il emprunte le titre, le septième, écrit en 1923. Dans *Tarzan et le lion d'or*, avec l'aide de Jad-bal-ja, j'ai dû arracher aux griffes d'un autre lion, faussement proclamé dieu, *Lâ*, reine de la cité d'*Opar* qui avait dû fuir son royaume pour échapper au grand prêtre *Cadj*, bien décidé à la faire assassiner. Mais pourquoi diable, dans ce film, *William Wing*, le scénariste, a-t-il éprouvé le besoin de m'inventer une sœur, une certaine *Betty Greystoke* incarnée par l'actrice *Edna Murphy*, alors que mon auteur de père ne m'en a jamais attribué au fil de ses pages ? Pensait-il vraiment que la charge émotionnelle serait plus forte si l'on menaçait de sacrifier ma sœur au dieu-lion plutôt que la reine et grande prêtresse d'une cité oubliée ? Pourquoi *Edgar Rice Burroughs*, devenu très influent et qui a désormais son mot à dire dans la réalisation des films inspirés de ses livres, a-t-il accepté cette dérive qui n'ajoutait guère au suspens ? L'argent, peut-être ? *Edgar Rice Burroughs* en gagnait pourtant déjà beaucoup à cette époque.

Quant à *James Pierce*, lui aussi revêtu d'un pagne en peau de léopard qui se prolonge en bandoulière sur son épaule gauche, il n'est ni moins bon ni meilleur que ses prédécesseurs, accompagné par l'actrice *Dorothy Dunbar*, une *Jane* toujours aussi brune. Le film connaît d'ailleurs un beau succès populaire même s'il est éreinté par la critique. *James Pierce* va-t-il néanmoins s'imposer comme le nouveau *Tarzan* du cinéma ? On peut le penser : des projets sont en cours ; et, surtout, le quatrième acteur qui m'incarne à l'écran va épouser la fille de *Edgar Rice Burroughs* un an plus tard. Mais c'est seulement en 1932 qu'il rejouera le rôle de mon personnage, dans une série… d'émissions radiophoniques où sa femme, *Joan Burroughs*, prêtera sa voix à *Jane*.
Ironie du sort ou espiègle coïncidence ? En 1938, *James Pierce* incarnera le *Prince Thoune* dans *Flash Gordon*, un film tourné en treize épisodes, qui porte à l'écran la bande dessinée du même nom, créée avec réussite en 1934 pour faire concurrence à *Buck Rogers*, énorme succès de l'époque. Or, le *Prince Thoune*, qui commande aux animaux, est précisément affublé d'une longue barbe qui se prolonge en crinière de lion – de sorte que le visage de *James Pierce*, déjà oublié du grand public, disparaît sous ce foisonnement pileux ! Et le héros du film, celui qui campe *Flash Gordon* en personne, est un certain *Buster Crabbe* – qui m'incarnera à l'écran quelques années plus tard !

Bandes dessinées
Foster, Hogarth, Manning et les autres

En 1929, alors que douze livres de *Edgar Rice Burroughs* ont déjà paru et que le cinéma a déjà consacré huit films muets à *Tarzan*, l'événement, ce n'est pas seulement que le 7e art s'apprête à donner de la voix à l'homme-singe par la magie du « parlant ». Si le seigneur de la jungle devient alors encore plus populaire, c'est que les dessinateurs, eux aussi, commencent à s'emparer du personnage. Et pas seulement sur les couvertures des livres, comme l'avait fait le talentueux *Allen Saint-John* en illustrant en 1916 celle du premier roman de *Edgar Rice Burroughs*, édité par *McClurg*.

C'est d'abord Hal Foster qui, en 1929, illustra *Tarzan of the Apes*, le premier livre de Edgar Rice Burroughs. La bande dessinée s'emparait alors du mythe de l'homme-singe...

PHILADELPHIA RECORD
SUNDAY, SEPTEMBER 24, 1933

Pour beaucoup d'amateurs de bandes dessinées, Russ Manning est considéré comme le meilleur dessinateur de Tarzan. Dès 1947, à l'âge de 18 ans, il illustrait déjà les couvertures des livres de Edgar Rice Burroughs.

Une autre raison réside dans l'initiative d'un certain *Maximilien Elser*, qui dirige à l'époque le *United Features Syndicate*, un organisme de presse plutôt spécialisé dans le dessin. Il a l'idée très visionnaire de demander à son meilleur collaborateur, *Harold Foster*, de mettre en images *Tarzan chez les singes*. Sans autre forme de procès, il va en montrer le résultat à *Edgar Rice Burroughs* lui-même, qui, séduit, en autorise la publication. Nous sommes en janvier 1929. C'est le début de la bande dessinée ! Son succès est foudroyant. Rien qu'aux États-Unis, 212 journaux, totalisant un tirage de 15 millions d'exemplaires, racontent en images quotidiennes ou hebdomadaires, en couleurs ou en noir et blanc, les exploits du seigneur de la jungle.
De 1929 à 1937, *Hal Foster* – c'est ainsi qu'il signait – exerce superbement son art dans les planches du dimanche et les planches quotidiennes. Lui succédera, de 1937 à 1950, *Burne Hogarth*, que bien des spécialistes considèrent comme le meilleur des dessinateurs de *Tarzan*. Ainsi que *Rex Maxon* (de 1929 à 1947), *William Juhré* (de 1936 à 1938), *Rubimor* (de 1945 à 1947), *Russ Manning* (de 1965 à 1979). Près d'une vingtaine de dessinateurs dont plus de la

moitié, cités pour mémoire, ont été oubliés : *Dan Barry*, *Joe Kubert*, *Eric Battle*, *Nick Cardy*, *John Celardo*, *Mike Grell*, *Gil Kane*, *John Leti*, *Bob Lubbers*, *Gray Morrov*, *Paul Reinman*, *Thomas Yeales*.

Cinq noms, sans aucun doute, se détachent du lot : *Hal Foster* le précurseur, celui qui inventa plus tard *Prince Vaillant*, au trait à la fois élégant et suranné ; *Burne Hogarth*, dont le dessin extraordinairement dynamique met en mouvement un *Tarzan* dont certains spécialistes n'hésitent pas à dire qu'il est le parfait reflet du personnage inventé par *Edgar Rice Burroughs* ; *William Juhré*, peut-être un peu moins bon dans le graphisme, mais tellement fidèle à l'écrivain dans les scénarios ; *Rubimor*, 0brillant élève de *Hogarth*, comme lui très dynamique et amateur de paysages et de cités fantastiques ; *Russ Manning*, enfin, au dessin à la fois réaliste et moderne, plus proche de nous il est vrai dans le temps.

1929-1979 : un demi-siècle d'aventures de *Tarzan* en bandes dessinées aux États-Unis, une estimation de 12 000 parutions dans le monde entier ! Il est évident qu'un tel phénomène contribua à élever le personnage de l'homme-singe au rang de mythe universel. Et ce d'autant plus que, dans la grande

majorité des cas, la lecture en images de ses exploits pénètre, à petits prix, dans les foyers de ceux qui ne lisent pas les romans de *Edgar Rice Burroughs* et de ceux qui n'ont pas l'occasion ou la possibilité d'aller au cinéma.
Et puis, il faut reconnaître aux dessinateurs qui ont choisi de raconter *Tarzan* – du moins pour *Burne Hogarth* que beaucoup tiennent pour le plus talentueux d'entre eux – qu'ils ont sans doute été plus proches de l'écrivain créateur que les cinéastes américains, sur le plan du récit ainsi que du physique prêté à l'homme-singe. La première série de *Hal Foster*, par exemple, était encore plus fidèle à *Edgar Rice Burroughs* que *Tarzan chez les singes*, le premier film de 1918, dans la mesure où elle commence par la naissance du seigneur de la jungle et se poursuit par ses voyages à Paris où il rencontre son ami *Paul d'Arnot* et aux États-Unis où il retrouve *Jane*.
De la même façon, en 1938, *William Juhré* transcrit avec beaucoup de précision, par le dessin et par le texte, *Tarzan et la déesse verte*, le film produit par *Edgar Rice Burroughs* lui-même avec *Herman Brix* au Guatemala, *Tarzan le magnifique*, le vingt et unième livre de *Edgar Rice Burroughs*, et *Tarzan et les jumeaux*, le vingt-cinquième volume.

D'origine polonaise, le dessinateur américain Joé Kubert connut son heure de gloire dans les années 1940. Très réaliste, son Tarzan fut également apprécié en France.

Quant aux aspects physiques des différents seigneurs de la jungle imaginés par les plus talentueux des dessinateurs, il est flagrant qu'ils présentent quelques similitudes, tout simplement parce que les grands de la BD de l'époque avaient lu avec attention *Edgar Rice Burroughs*, avaient minutieusement pris en compte ses descriptions et s'étaient efforcés de dessiner un personnage à l'allure mythologique, proche de cet « Apollon aux traits purs et aux yeux d'acier » évoqué par l'écrivain.

En France aussi, bien entendu, les aventures de *Tarzan* en bandes dessinées rencontrent un succès considérable dès leurs premières parutions dans *Junior* en 1936 et dans *L'As* en 1937 à l'initiative de la *Société parisienne d'édition*.

Planches quotidiennes ou du dimanche, suppléments et hors-séries, illustrés pour enfants, très vive est la concurrence entre *Hurrah*, *Tarzan*, *L'Astucieux*, *L'Intrépide* (les Éditions mondiales), *Spirou* (les Éditions Dupuis), en passant par *Ric et Rac*, *Le Moustique*, des magazines de télévision comme *Télé-Poche* et *Télé-Dernière* ou encore des titres aussi divers que l'hebdomadaire féminin *Nous Deux* ou le quotidien *Paris-Jour*.

SOMÚ SE INDIGNA CON LAS RESPUESTAS DEL ROBOT.
YA NO ERES EL DE ANTES, ME MOLESTA TU ACTITUD...
¡CUÁNTO LO SIENTO!
TÚ SERÁS EL AMO DE LA SELVA, PERO NO TE TEMO.
SI TE CREES SUPERIOR A MÍ, DEMUÉSTRALO.
LOS DOS TITANES EMPIEZAN A LUCHAR...
NUESTRA AMISTAD NO TE DA DERECHO A INSULTARME.
YO NO TENGO AMIGOS INFERIORES COMO TÚ.
ÉSTE NO ES EL TARZÁN NOBLE Y VALIENTE QUE CONOCÍ HACE DIEZ AÑOS.
SOMÚ SE SORPRENDE CUANDO, AL GOLPEAR A TARZÁN, SALE DE ÉSTE UN RUIDO METÁLICO.
CLANG
¡OH!

Bondissant, courant, sautant, le personnage de Hogarth est toujours en mouvement. En 1950, le dessinateur abandonne Tarzan et sa jungle luxuriante pour Drago, gaucho dans l'opulente pampa.

5e ANNÉE — N° 207 12 PAGES PARAIT CHAQUE SAMEDI Prix pour la Belgique : 3 fr. 50 Prix pour la Suisse : 0 fr. 30 FRANCE : 15

TARZAN

LE GRAND MAGAZINE D'AVENTURES

RESUME. — *Afin que Rundi, fils de Mabuli, chef des Masai, ne découvre pas l'or du lac, Cleveland et son ami envoient un scaphandrier pour noyer le jeune homme. Mais Tarzan a vu la scène.*

(SUITE PAGE

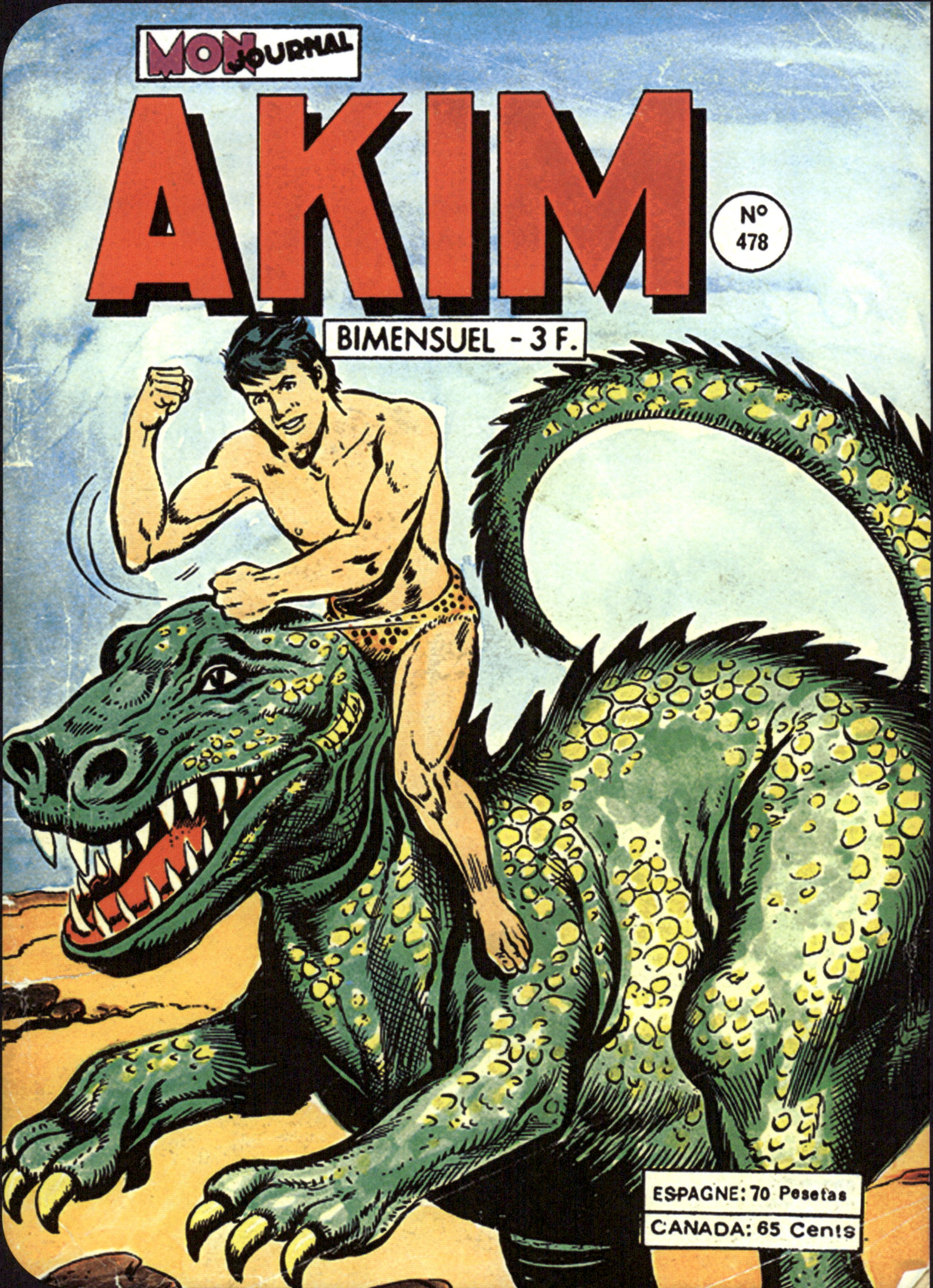
MON JOURNAL
AKIM
N° 478
BIMENSUEL - 3 F.
ESPAGNE: 70 Pesetas
CANADA: 65 Cents

Sans compter, bien sûr, les recueils de *Hachette*, série d'albums cartonnés de format 17 x 22 cm, publiés de 1936 à 1953.

Bien sûr, dans cette véritable jungle de publications en tous genres, les dessins ne sont pas toujours très authentiques dans la mesure où l'on déplore parfois certaines retouches, voire quelques tripatouillages qui ne se gênent pas pour prendre des libertés avec les originaux. On assiste même à une floraison de faux *Tarzan*, qu'ils s'appellent *Togar*, jeune premier à la chevelure blonde et à la musculature de superman ; *Akim*, toujours escorté du singe *Kar* ; *Banga*, as de la jungle accompagné d'une panthère noire ; *Taô*, l'homme-fauve qui revient tous les jeudis dans *Zorro-Magazine* ; *Djeki la jungle*, qui sévit, avec son chimpanzé *Cheeko*, dans le mensuel *Jim Taureau*. Et même à l'apparition de quelques *Tarzan* au féminin comme *Liana*, *Loana* ou *Tarzella*.

Une telle prolifération a au moins un avantage : on peut encore trouver, même si la tâche est parfois ardue, des exemplaires de certaines de ces publications, en vente chez les bouquinistes, dans des librairies spécialisées ou auprès de sites spécialisés sur Internet.

En 1958, un « Tarzan » nouvelle version apparaît en France dans un bimestriel sous le nom de Akim. Comme lui, il accomplit des exploits fantastiques. De 1936 à 1953, Hachette publia des recueils cartonnés... pas toujours très fidèles au personnage d'origine !

Parfois un peu fruste, le Tarzan des albums des Éditions Mondiales. L'auteur n'avait sûrement pas profité des conseils de Joé Kubert qui n'a pas hésité à publier un mode d'emploi du dessin de Tarzan à l'usage des illustrateurs en herbe !

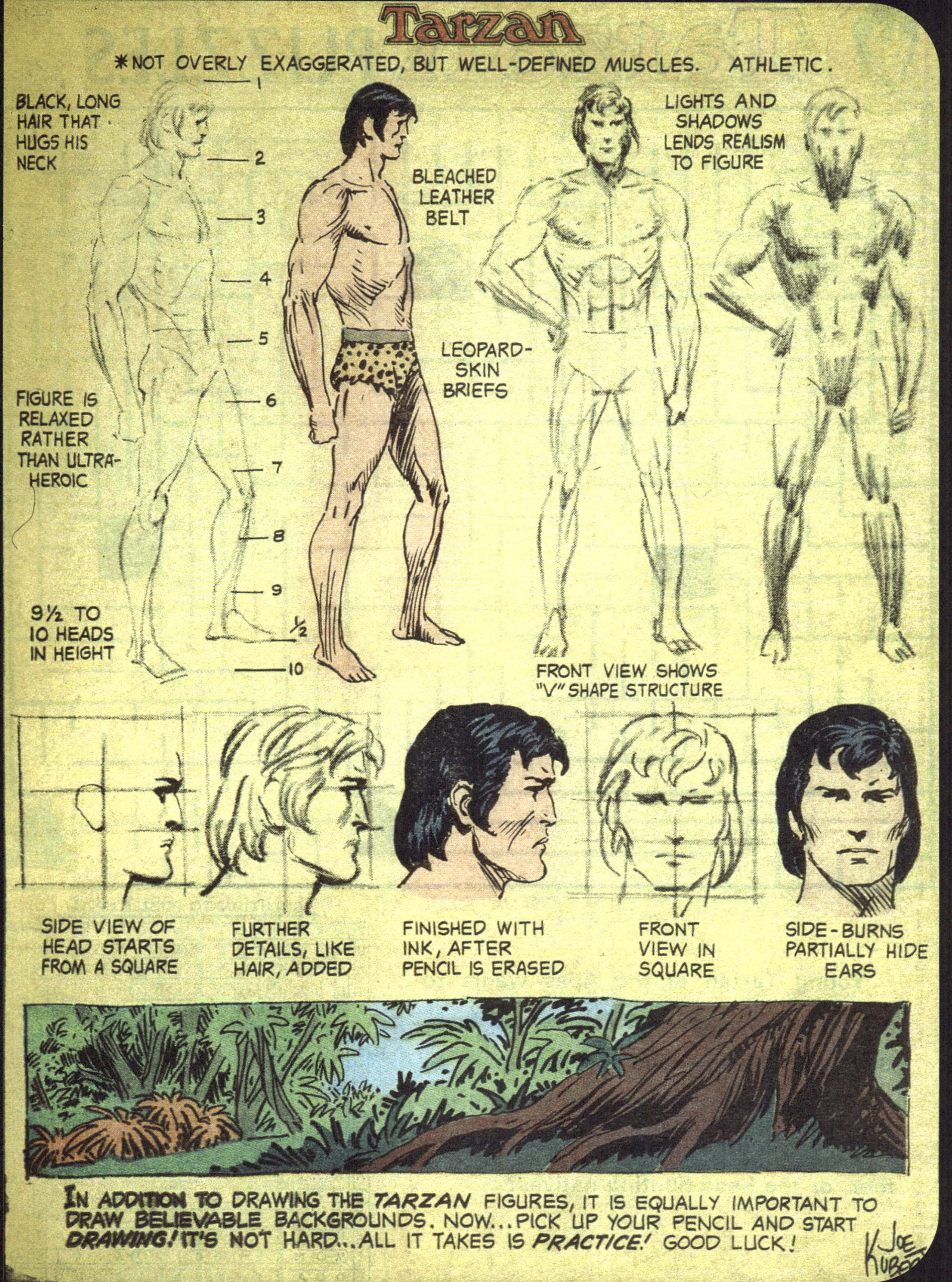
TARZAN
*NOT OVERLY EXAGGERATED, BUT WELL-DEFINED MUSCLES. ATHLETIC.
BLACK, LONG HAIR THAT HUGS HIS NECK
1
2
3
4
5
6
7
8
9
1/2
10
FIGURE IS RELAXED RATHER THAN ULTRA-HEROIC
9½ TO 10 HEADS IN HEIGHT
BLEACHED LEATHER BELT
LEOPARD-SKIN BRIEFS
LIGHTS AND SHADOWS LENDS REALISM TO FIGURE
FRONT VIEW SHOWS "V" SHAPE STRUCTURE
SIDE VIEW OF HEAD STARTS FROM A SQUARE
FURTHER DETAILS, LIKE HAIR, ADDED
FINISHED WITH INK, AFTER PENCIL IS ERASED
FRONT VIEW IN SQUARE
SIDE-BURNS PARTIALLY HIDE EARS
IN ADDITION TO DRAWING THE TARZAN FIGURES, IT IS EQUALLY IMPORTANT TO DRAW BELIEVABLE BACKGROUNDS. NOW... PICK UP YOUR PENCIL AND START DRAWING! IT'S NOT HARD... ALL IT TAKES IS PRACTICE! GOOD LUCK!
JOE KUBERT

TARZAN THE TIGE

Le premier cri de Tarzan ! Le deuxième film tourné par Frank Merrill était muet, mais une version sonore fut réalisée ultérieurement.

FRANK MERRILL

La naissance d'un cri

Pour tout voyageur étranger qui s'y aventurerait – fort imprudemment –, la jungle où je suis né devient vite un inextricable enfer vert. Un cruel foisonnement d'arbres géants et de plantes gigantesques où la loi du plus fort ne règne pas que chez les animaux, mais aussi dans le monde végétal dont seules survivent les espèces les plus résistantes.

S'il n'a jamais mis les pieds en Afrique, *Edgar Rice Burroughs*, l'homme qui m'a fécondé à partir de son imagination fertile, n'avait pas manqué de consulter dans une bibliothèque de Chicago, outre les écrits de *Darwin* et des livres de géographie, des précis de botanique exotique. En lecteur attentif, il avait notamment retenu que les lianes, très nombreuses dans les forêts tropicales, ne tombent pas miraculeusement du ciel et qu'elles s'enfoncent profondément en terre pour monter ensuite vers la lumière jusqu'aux sommets des plus grands arbres. Dans ses livres, en effet, je n'utilise jamais de lianes pour me déplacer de branche en branche, ce qui serait techniquement impossible, leur enracinement, qui les retient au sol, limitant fatalement leur déplacement latéral.

Les hommes du 7ᵉ art, eux, n'ont que faire de cette réalité botanique. En 1928, la firme *Universal* annonce avec fracas qu'elle va produire un film intitulé *Tarzan the Mighty*, inédit en France, dont la vedette sera *Joe Bonomo*, un Hercule du grand écran en vogue à l'époque. Ce choix me laisse perplexe. La silhouette de ce géant du cinéma est certes impressionnante, mais sera-t-il assez svelte pour se déplacer dans les arbres ? Et de fait, au troisième jour du tournage, *Joe Bonomo*, qui manque singulièrement de souplesse, rate la branche à laquelle il devait se rattraper et se fracture la jambe gauche ! Sept semaines d'arrêt : l'attente est trop longue pour la production.

Universal propose alors à *Frank Merrill*, gymnaste à la belle musculature certes moins massive que celle de ses prédécesseurs, de m'incarner à part entière – il a doublé *Elmo Lincoln* dans *Les Dernières Aventures de Tarzan* sept ans plus tôt. Visage taillé à la serpe, mâchoires proéminentes, champion dans plusieurs disciplines gymniques, celui-ci suggère de laisser pendre des cordes dans les arbres du décor pour faciliter ses envolées d'homme-singe.

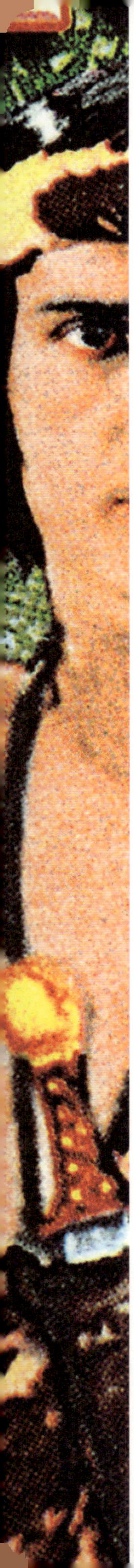

En Allemagne, comme en France et dans le monde entier, *Tarzan le tigre* obtint un grand succès. Même si l'Afrique, où il était censé se dérouler, ne compte pas de tigre !

P. 84
Deux personnages en un : c'est ainsi que l'a voulu Edgar Rice Burroughs, le créateur de Tarzan. Nœud papillon et smoking en John Clayton civilisé, pagne et liane autour de l'épaule quand il est seigneur de la jungle, Frank Merrill joua fort bien les deux rôles.

P. 85-87
Dans *Tarzan the Mighty*, qui n'a pas été donné en France, l'homme-singe doit lutter contre un pirate qui a usurpé son identité. Jane Porter s'appelle ici Mary Trevor. Le film est assez fidèle au livre *Tarzan parmi les fauves* paru chez Hachette en 1938.

Suggestion retenue. Le film n'en sera que plus vivant, tant pis si la réalité est travestie, tant pis si la nature est trahie. Je me demande alors si mon auteur de père, *Edgar Rice Burroughs*, possédait une quelconque influence sur les hommes de cinéma et s'il leur avait expliqué qu'une liane peut aider à passer d'un arbre à l'autre, mais que le déplacement d'un homme de liane en liane est impossible… à moins de les couper toutes à la base auparavant. Quoi qu'il en soit, *Frank Merrill* fait beaucoup mieux : il prend la précaution, en cours de tournage, d'être toujours équipé d'une corde qu'il lance et enroule à l'occasion sur une branche afin qu'elle lui permette d'y grimper plus facilement.

Je dois cependant reconnaître que *Frank Merrill* donne de moi une image assez flatteuse, qui l'eût été plus encore si l'on ne s'entêtait pas à affubler les acteurs qui m'incarnent de cette horrible peau de panthère qui cache le torse en remontant jusqu'à l'épaule droite. Quant à la jolie *Natalie Kingston*, naturellement blonde – ce qui ne se voit pas très bien, dommage, avec le noir et blanc de l'époque –, elle tient avec grâce le rôle de ma compagne, que l'on n'appelle plus *Jane Porter*, allez savoir pourquoi, mais *Mary Trevor*. Qu'importe. Le film, réalisé par *Jack Nelson* et *Ray Taylor* et basé sur le livre *Tarzan dans la jungle*, raconte la forfanterie d'un pirate usurpant mon identité, ce qui m'oblige à revenir en Angleterre pour empêcher un mariage illégitime. C'est un grand succès. Alors, dès 1929, *Universal* tourne un autre serial en quinze épisodes avec *Frank Merrill* en vedette, sous la direction de *Henry MacRae* cette fois. Celui-ci n'a rien de plus pressé que de redonner à *Natalie Kingston* le nom de baptême choisi par *Edgar Rice Burroughs*, *Jane Porter*, ce qui est une bonne chose. Mais aussi d'intituler le film *Tarzan the Tiger*, ce qui est tout à fait incompréhensible. Est-ce pour présenter l'une de mes aventures par un titre percutant ? Tous les zoologistes – et d'ailleurs beaucoup de spectateurs de l'époque – savent que la jungle africaine ne recèle aucun tigre, animal que l'on trouve seulement en Asie. *Edgar Rice Burroughs* lui-même le savait qui s'est bien gardé d'en introduire dans ses ouvrages. Pareil non-sens s'avère d'ailleurs d'autant plus navrant que le film suit plutôt fidèlement la trame du livre intitulé *Les Joyaux d'Opar* et que ce titre, à lui seul, est assez intrigant et accrocheur pour capter l'attention des spectateurs.

L'histoire se situe d'abord dans la luxueuse plantation *Greystoke* que *Tarzan* a pu établir grâce à sa découverte, dans un livre précédent (*Le Retour de Tarzan*), de la mystérieuse cité d'*Opar*. *Tarzan*, campé par *Frank Merrill* en smoking et nœud papillon blancs, et *Jane* sont inquiets. Leur propriété de Londres croule sous les dettes à la suite d'une mauvaise gestion ou d'une malversation. Pour éviter la faillite financière, *John Clayton* doit donc redevenir *Tarzan* et faire une nouvelle incursion à *Opar* dont lui seul connaît le chemin. S'enchaînent alors toute une série d'aventures : un dénommé *Werper*, qui se fait passer pour un explorateur de passage, a tout entendu, il s'acoquine avec *Achmet Zek*, trafiquant d'esclaves notoire qui parvient même à capturer *Jane* avec l'intention de la vendre sur un marché.

CLASSIC • SILENT • SERIALS
TARZAN
The TIGER
COMPLETE
15
CHAPTERS

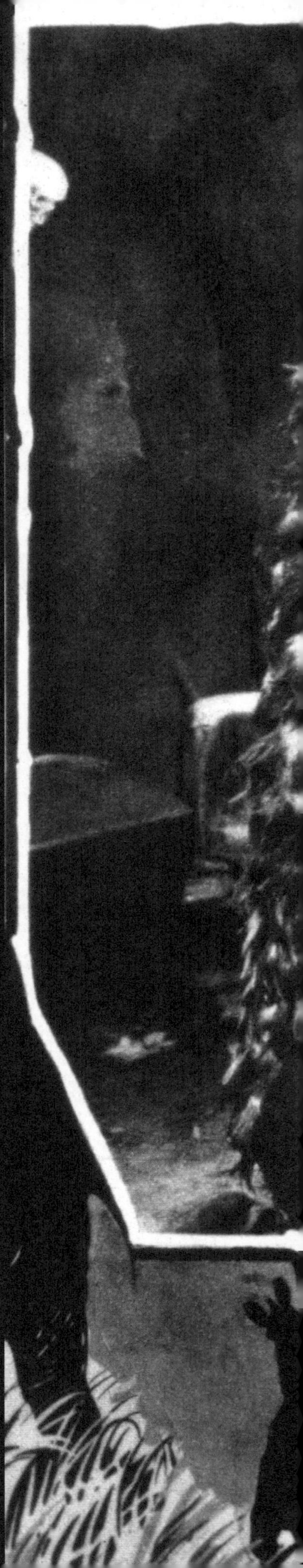

TARZAN THE MIGHTY
Chapter Seven
"The LEOPARDS' LAIR"

TARZAN THE MIGHTY
Chapter Five
"FLAMES OF HATE"

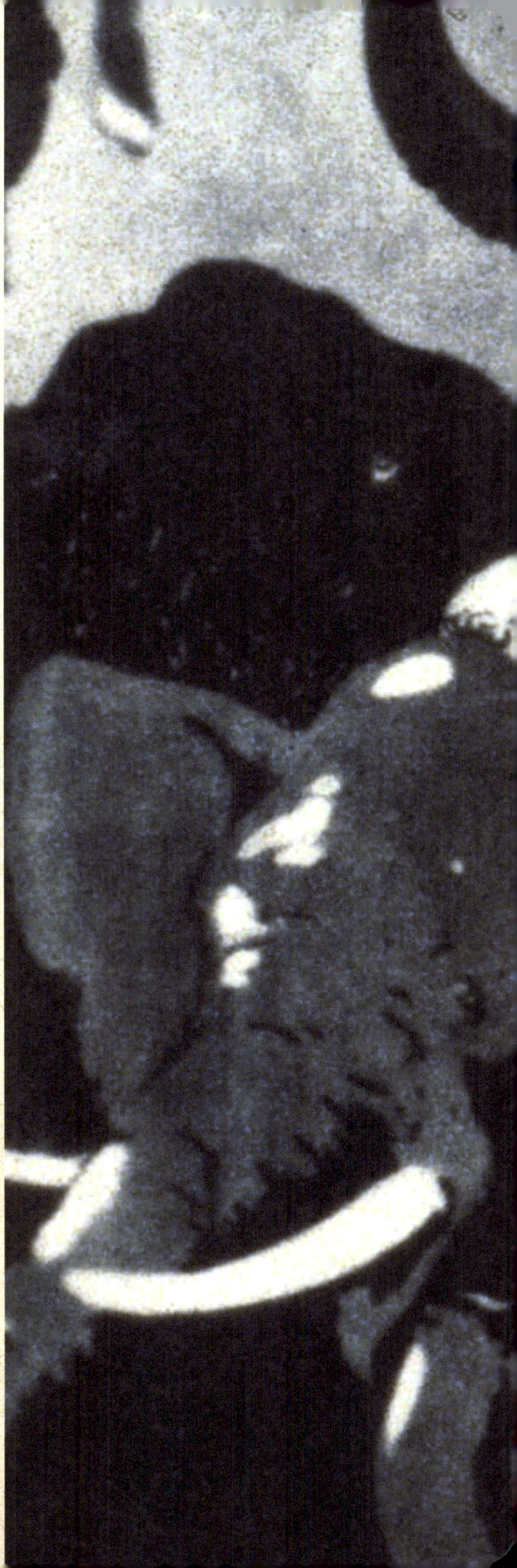

TARZAN THE
with FRANK MERRILL and

Jane a été capturée par l'affreux Werper, faux explorateur qui a l'intention de la vendre au marché aux esclaves !

Tarzan devient un temps amnésique et manque d'être sacrifié de la main même de *La*, grande prêtresse d'*Opar*, parce qu'il se refuse à son amour… L'histoire imaginée par *Edgar Rice Burroughs* est fertile en rebondissements et plaît au public – ce qui prouve que lorsqu'ils sont fidèles à l'auteur, les hommes de cinéma disposent de tous les ingrédients de base pour faire un bon film. De plus, *Frank Merrill* n'hésite pas, en gymnaste et haltérophile accompli, à présenter lui-même ses aventures dans les salles où, en guise d'animation, il soulève des poids de 98 kg, offrant même une prime de 50 dollars à toute personne qui en ferait autant !

C'est à cette époque, en 1930, qu'éclate une véritable révolution cinématographique : les images qui bougent commencent à émettre des sons, le cinéma muet devient parlant ! *Universal*, bien sûr, s'empresse de sonoriser *Tarzan the Tiger* – version qui a pu être projetée en France en 1935 où elle a également reçu un bon accueil. Mais ce n'est pas un atout, bien au contraire, pour *Frank Merrill*, dont la voix est bien moins attrayante que la musculature. On lui signifie sans ménagement qu'il n'a aucun avenir dans le cinéma parlant ! Mais l'acteur s'en moque éperdument. Plusieurs fois champion des États-Unis de gymnastique, il est le seul athlète capable de grimper très vite à une corde d'escalade en position assise, à la seule force de ses bras tendus à l'horizontale, sans s'aider de ses jambes. Et il caresse un projet que son éviction du cinéma lui donne l'occasion de réaliser : il ouvre un gymnase dans la banlieue de Hollywood. Ce n'est pas tout. *Frank Merrill* a lu l'œuvre de *Edgar Rice Burroughs*,

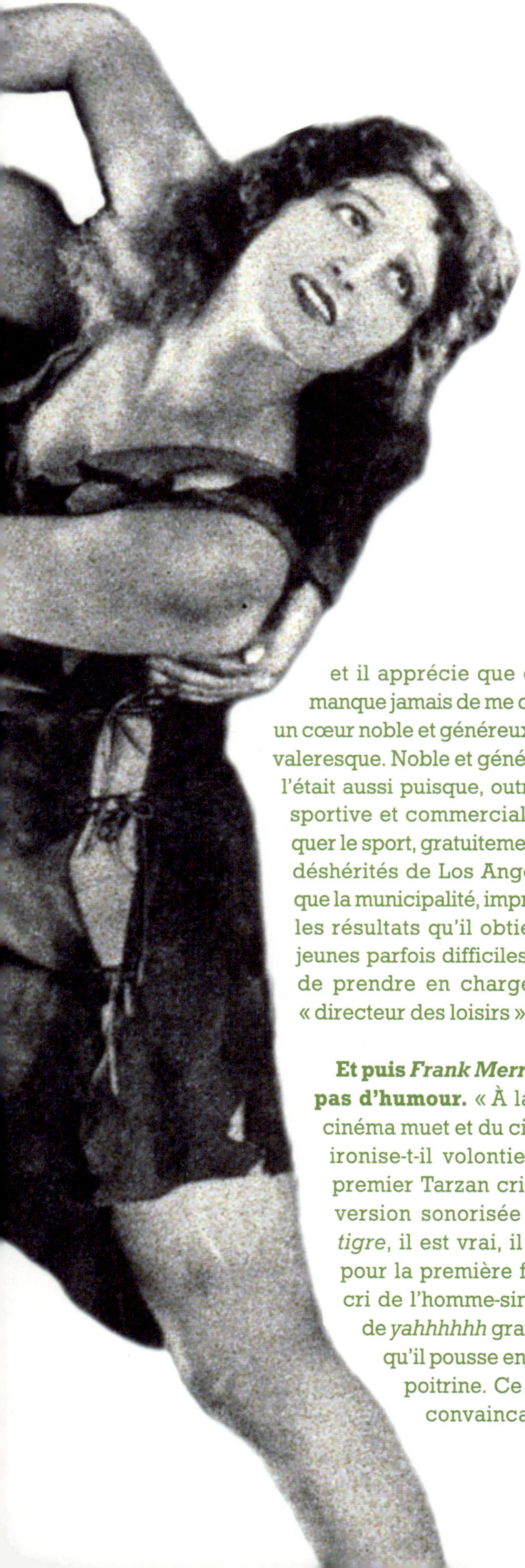

Une image que n'ont jamais vue les spectateurs français : Frank Merrill terrassant un gorille dans *Tarzan the Mighty*, qui n'a pas connu de version française.

et il apprécie que ce dernier ne manque jamais de me décrire comme un cœur noble et généreux à l'esprit chevaleresque. Noble et généreux, l'homme l'était aussi puisque, outre son activité sportive et commerciale, il fait pratiquer le sport, gratuitement, aux enfants déshérités de Los Angeles. Au point que la municipalité, impressionnée par les résultats qu'il obtient auprès de jeunes parfois difficiles, lui demande de prendre en charge le poste de « directeur des loisirs ».

Et puis *Frank Merrill* ne manque pas d'humour. « À la frontière du cinéma muet et du cinéma parlant, ironise-t-il volontiers, j'ai été le premier Tarzan criant. » Dans la version sonorisée de *Tarzan le tigre*, il est vrai, il fait entendre pour la première fois le fameux cri de l'homme-singe. Une sorte de *yahhhhhh* grave et prolongé qu'il pousse en se frappant la poitrine. Ce n'est pas très convaincant et cela n'a assurément rien de commun avec « le cri sauvage et surnaturel » évoqué si souvent dans les livres de l'homme qui m'a créé. D'autant que le cri est le même, qu'il salue une victoire sur un lion, qu'il serve à appeler les animaux à la rescousse ou simplement, à la fin du film, qu'il soit lancé pour dire au revoir à la faune quand *Tarzan*, redevenu riche, peut songer à revêtir de nouveau « sa livrée d'homme civilisé ».

***Frank Merrill* ne sera pas retenu pour les films qui suivront.** Nous sommes au début des années 1930 et *Edgar Rice Burroughs* fonde beaucoup d'espoirs sur l'arrivée du cinéma parlant. Je vais enfin, moi, *Tarzan*, seigneur de la jungle, pouvoir m'exprimer pleinement, non seulement en poussant sans retenue le « cri terrifiant de l'homme sauvage qui glace la moelle épinière des fauves de la jungle », mais aussi, pendant mes séjours dans la civilisation des hommes, en montrant que je suis le digne héritier de la lignée des *Greystoke* et que je parle avec aisance plusieurs langues.
Edgar Rice Burroughs ne connaissait pas encore suffisamment la terrible, l'impitoyable loi de la jungle cinématographique. Elle s'avère parfois bien plus cruelle que celle de la jungle où je vis et où l'on ne connaît pas l'argent.

93

La forte musculature de Tarzan (Frank Merrill) lui a permis de rompre la corde qui le retenait prisonnier. Prêt à prendre la route de la cité d'Opar, d'où il ramènera l'or qui va sauver sa résidence londonienne Greystoke criblée de dettes !

Il est jeune et beau, le nageur Johnny Weissmuller, quand, en 1924 à Paris, il devient champion olympique à l'âge de 20 ans.

JOHNNY WEISS-MULLER

Les silences du cinéma parlant

Nous sommes en 1929. Les hommes de la civilisation, très excités par l'annonce de l'invention du cinéma parlant, commencent à s'agiter singulièrement, « occupés à tourner en rond pour aller nulle part, infortunés habitants de jungles de briques, de marbres et de ciment », comme l'écrit *Edgar Rice Burroughs*. Et moi, pendant ce temps, je ne cesse, à travers les livres de mon père créateur, de vivre des aventures étonnantes qui passionnent de plus en plus les lecteurs du monde entier.

Dans *Tarzan s'évade*, je découvre au fond de la jungle des barbares qui se disent citoyens de *Castra Sanguinarius*, humbles sujets d'un empereur appelé *Validus Auguste*, persuadés que l'Empire de Rome existe toujours. Dans *Tarzan au cœur de la terre*, alors que je chasse le lion dans le Sahara, je rencontre un vieil inventeur qui teste une taupe d'acier capable de s'enfoncer au cœur de la planète où, en bordure d'une jungle luxuriante, je tombe aux mains des primitifs *Sagoths*, mi-hommes mi-gorilles, et je dois me battre contre les *hyenadons*, des chiens-loups très féroces. Dans *Le Triomphe de Tarzan*, je me trouve aux prises avec le peuple dégénéré des *Midians* du nord et du sud, essentiellement composé de fous et d'épileptiques…

Edgar Rice Burroughs écrit beaucoup et avec une imagination toujours aussi débridée. Mais, côté cinéma, il commet quelques maladresses. Comme il a toujours vu en *James Pierce*, devenu son gendre, le *Tarzan* idéal, il a signé avec *Sol Lesser*, un producteur indépendant, un contrat pour une série de cinq films où celui-ci jouerait mon rôle. Les choses traînent ainsi jusqu'en 1931, quand la toute-puissante *MGM* (*Metro- Goldwyn-Mayer*), qui compte bien tirer profit de l'arrivée du cinéma parlant, lui offre de réaliser une série de trois films dont je serai la vedette – mais avec des scénarios et un acteur de son choix ! *Sol Lesser* se sent trahi, s'arrange pour écarter *James Pierce* de l'ancien accord et, malin comme peuvent l'être les hommes quand il s'agit d'argent, revend ses droits à la *MGM*.

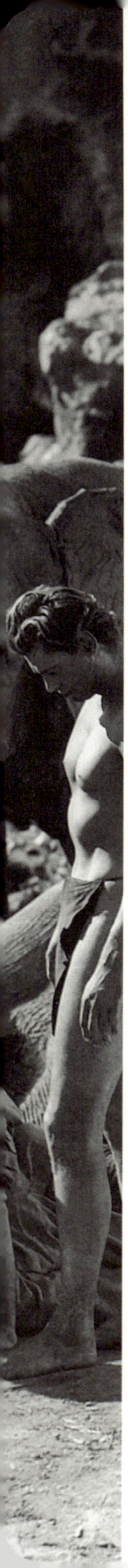

Le couple mythique Maureen O'Sullivan-Johnny Weissmuller. Dix ans durant, dans six films restés cultes, ils ont marqué les esprits en incarnant d'inoubliables Tarzan et Jane.

P. 98-99 Tarzan ne voit jamais d'un bon œil les trafiquants d'ivoire qui tuent les pachydermes et troublent l'ordre de la jungle. Dans *Tarzan and his Mate* (sa compagne), il n'apprécie guère que les aventuriers Harry Holt et Martin Arlington projettent de faire main basse sur des défenses d'éléphants.

P. 100-101 Dans le cimetière des éléphants, le père de Jane vient de succomber à une crise cardiaque. Mais cimetière des éléphants et cabane un peu kitch dans les arbres desservie par un ascenseur sont deux inventions du cinéma !

Edgar Rice Burroughs a les mains liées ! Il continuera, bien sûr, à gagner de l'argent par les droits d'exploitation du personnage qu'il a inventé, mais les intrigues de ses livres, pas trop malmenées par l'image qui bouge, seront-elles respectées par l'image qui parle et, surtout, par la *MGM ?*
Pour tourner le premier *Tarzan* de l'ère du parlant, la firme, se référant à l'exemple de *Frank Merrill*, est persuadée qu'elle doit plutôt rechercher sa vedette dans le milieu sportif que dans celui des acteurs.

Pour m'incarner, il faut d'abord un bel athlète à la fois musclé et suffisamment à l'aise pour se mouvoir dans les arbres. Elle annonce alors qu'elle a engagé *Johnny Weissmuller*, un nageur très connu, qui fut le premier à descendre sous la minute au 100 mètres, qui a remporté trente-neuf titres nationaux et battu soixante-quinze records du monde, qui a décroché trois médailles d'or aux Jeux olympiques de Paris en 1924, deux aux Jeux d'Amsterdam en 1928, sans compter, la même année, une médaille de bronze au water-polo. Choix judicieux et combien symbolique. Entre les années 1920 et 1930, l'Amérique vient de connaître une bien grise décennie avec le crack boursier et la prohibition de Al Capone. Elle a besoin de respirer et les deux personnages qui lui apportent un peu d'oxygène et d'exotisme sont d'une part le héros inventé par *Edgar Rice Burroughs*, d'autre part *Johnny Weissmuller*, dont la personnalité, fabuleux coup de pouce et merveilleuse convergence, va fondre en un seul mythe les deux personnages qui font le plus rêver l'Amérique. Je dois d'ailleurs reconnaître que je suis plutôt flatté de l'image que va refléter de moi ce sixième *Tarzan* de cinéma. 85 kilos, 1,90 mètre, ce n'est pas vraiment un géant, mais sa musculature équilibrée est plus celle d'un sportif qui respire la santé que celle d'un haltérophile artificiellement gonflé. Il prend des postures félines, se déplace naturellement dans les arbres en humant l'air comme s'il avait été élevé dans la jungle, son visage juvénile est éclairé par un sourire bon enfant. Et puis, nouvelle qui me transporte de joie : on va enfin se débarrasser de cette ridicule peau de panthère qui enserre le torse des acteurs pour les faire évoluer en pagne. Comme dans les livres de *Edgar Rice Burroughs*, enfin ! Pour la petite histoire, la *MGM* avait bien songé, pour tenir mon rôle d'homme-singe, à *Clark Gable* ou à *Douglas Fairbanks*, mais ces grands acteurs ne se seraient pas sentis à l'aise torse nu !

Ajoutez à cela que l'actrice retenue pour jouer le rôle de ma compagne est *Maureen O'Sullivan*, qui non seulement est très jolie, mais aussi irlandaise et non plus américaine, ce qui correspond mieux au personnage de *Jane Porter*, de nationalité anglaise. Tout se présente donc sous les meilleurs auspices pour ce film intitulé *Tarzan l'homme-singe*, qui sera tourné dans la fausse jungle hollywoodienne, mais confié à *Woodie Van Dyke*, lequel vient de tourner *Trader Horn* sur les bords du lac Victoria en Zambie. Il agrémentera donc son film de plans inutilisés au terme du tournage de cette grande fresque africaine.

JOHNNY
WEISSMULLER
IN
TAR

ZAN
AND
HIS
MATE
A
Metro-
Goldwyn-
Mayer

L'humour ne manque pas dans *Tarzan à New York* où l'homme-singe et sa compagne viennent délivrer leur fils Boy. Johnny Weissmuller alterne avec brio cascades et situations loufoques.

P. 104-105 Pour aider les Alliés (nous sommes en 1943), Tarzan doit traverser le Sahara afin d'y trouver des plantes médicinales. Il rencontre un étalon sauvage qu'il parviendra à dompter !

Mais je m'étais réjoui un peu vite ! L'intrigue du premier livre de *Edgar Rice Burroughs* est balayée sans scrupules. *Jane Porter* s'appelle *Jane* Parker. Plus aucune référence à *Kala* ma mère nourricière, oubliées mes ascendances anglaises, disparus mes parents biologiques *Alice* et *John Clayton*. Je ne suis plus alternativement *Tarzan* seigneur de la jungle et *Lord Greystoke* à la ville, je ne suis plus qu'un gentil sauvage qui parle par onomatopées, répétant un peu benoîtement après *Jane* des mots dont j'ai du mal à saisir le sens. Pour ses débuts, le cinéma parlant n'est pas très bavard. Les dialogues de *Johnny Weissmuller* sont entourés d'étranges silences. À peu près muet dans son premier film, *Tarzan l'homme-singe*, il prononce quarante mots dans le deuxième, *Tarzan et sa compagne*, et un peu plus de deux cents dans *Tarzan à New York !* Les hommes de cinéma, qui ne sont pas à un mensonge près, prennent le prétexte que *Johnny Weissmuller* n'est pas un acteur, ce qui est vrai, que son élocution est laborieuse, ce qui est faux. En vérité, ils ne veulent surtout pas mettre en avant le côté élégant aristocrate de mon personnage. Le scénario ne doit rien révéler de mon nom, *John Clayton*, riche héritier de la lignée anglaise des *Greystoke*, qui parle plusieurs langues avec aisance. Contrairement à l'esprit des livres de *Edgar Rice Burroughs*, il faut seulement me présenter sous les traits d'un homme-singe sympathique mais assez fruste, bel athlète mais héros mal dégrossi qui n'a jamais su parler que le langage des anthropoïdes.

IGHTIEST OF TARZAN THRILLERS
EDGAR RICE BURROUGHS'
TARZAN'S DESER
STARRING
JOHNNY WEISSMULL
JOHNNY SHEF
with
OTTO KRUGER · JOE SAWYER
LLOYD CORRIGAN · ROBERT LOWERY
FRANK PUGLIA · PHILVAN ZANDT
Produced by SOL LESSER
Directed by WILLIAM THIELE

MYSTERY
NANCY
KELLY

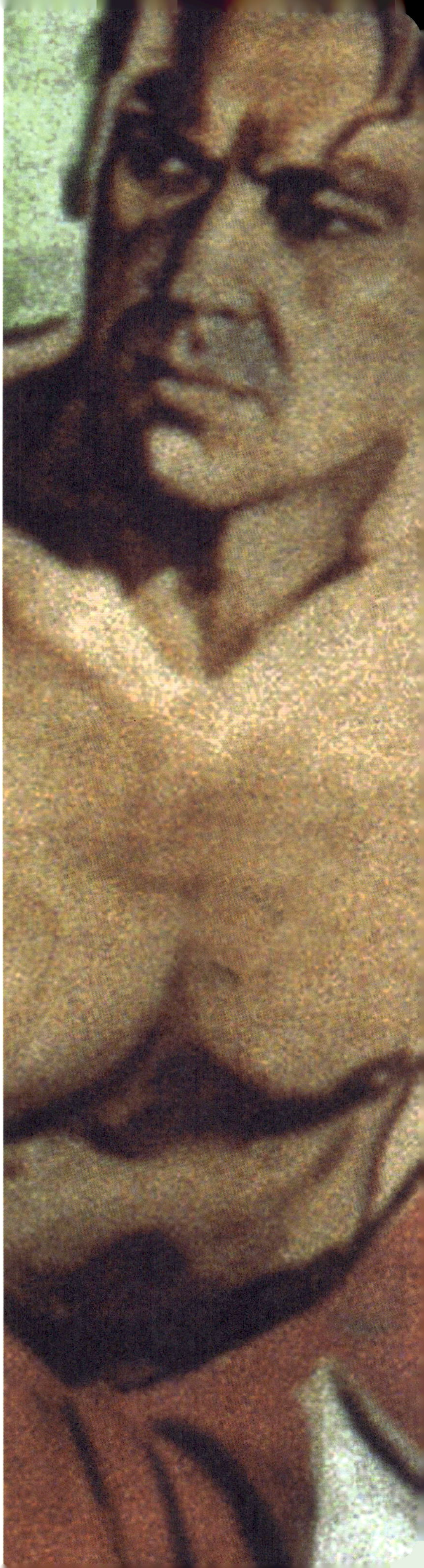

LL NEW!
THE FIRST
TARZAN PICTURE
IN 3 YEARS!
TARZAN

L'éléphant tient une grande place dans les films tournés par Johnny Weissmuller. Pas seulement pour le transport dans la jungle : il fait souvent appel à lui pour le sortir des situations les plus dangereuses.

Donc, plus de cabane natale et surtout pas d'évocation des abécédaires illustrés pour enfants à partir desquels, des années durant, j'ai appris à lire et à écrire seul. Pour la remplacer, une confortable maison dans les arbres dotée d'un ventilateur actionné par *Cheeta*, d'une roue à aubes qui sert à transporter l'eau et même d'un ascenseur en bambou qu'un éléphant est chargé de remonter en tirant sur une corde ! À la vérité, je me contente, dans les livres de *Edgar Rice Burroughs*, d'aménager ici et là, dans la fourche d'un arbre, un abri toujours provisoire. Volatilisés aussi les anthropoïdes de ma tribu. Le film privilégie les éléphants. On s'aperçoit à la dernière minute qu'ils sont originaires de l'Inde, donc plus petits que leurs homologues africains. On leur fabrique en hâte de plus grandes oreilles de caoutchouc et des défenses allongées que les animaux accrochent dans les branches d'arbres ! Il faut dire que l'histoire est basée sur la recherche du cimetière des éléphants, refuge mystérieux où se retireraient les pachydermes pour mourir. Une belle idée de scénariste, mais qui n'a rien à voir avec la réalité de la jungle : si les cimetières des éléphants existaient, les hommes seraient les premiers à les piller ! Le festival des agaçantes entorses faites aux ouvrages continuera dans tous les films produits par la *MGM*, qu'il s'agisse de *Tarzan s'évade* (plus question de sujets romains qui se croient encore à l'époque de l'Empire), du *Triomphe de Tarzan* (disparu le peuple fou des *Midians* du nord et du sud qui constitue la base de l'histoire authentique, à l'écran l'intrigue a pour toile de fond la Seconde Guerre mondiale !) ou encore de *Tarzan à New York* (je n'y ai jamais mis les pieds dans l'œuvre de *Edgar Rice Burroughs* !).

Les traversées aériennes de liane en liane sont aussi une belle invention du cinéma américain. En vérité, de tels déplacements seraient forcément limités, les lianes étant solidement enracinées dans le sol.

Les exemples abondent, parfois innocents, comme mon compagnon *Nkima*, le petit singe vantard et poltron des livres, qui disparaît au profit de *Cheeta*, femelle chimpanzé plutôt amusante. Ils confinent parfois à la trahison pure et simple quand le cinéma, dans *Tarzan trouve un fils*, m'attribue un enfant appelé *Boy*, survivant d'un avion qui s'est s'écrasé dans la jungle alors que, dans l'œuvre de *Edgar Rice Burroughs*, *Jane* et moi avons conçu, le plus naturellement du monde, un fils appelé *Jack* qui deviendra *Korak !* Encore heureux que la *MGM*, au moment où elle passe la main à la *RKO* pour six autres films avec *Johnny Weissmuller*, consente, sur l'insistance de *Edgar Rice Burroughs* présent sur le tournage de ce *Tarzan trouve un fils*, à ne pas laisser mourir *Jane*, comme cela avait été prévu.
De 1932 à 1942, le couple *Johnny Weissmuller-Maureen O'Sullivan* a merveilleusement fonctionné et l'on peut dire qu'à lui seul, il a valu aux six films dans lesquels il apparaît, un succès mondial, malgré la période troublée pendant laquelle ils sont tournés. Mais, au fil du temps, les entorses faites aux livres de *Edgar Rice Burroughs* finissent par transparaître. À force de me caricaturer, moi *Tarzan*, seigneur de la jungle, comme un bon sauvage un peu benêt auquel *Jane* parle sur un ton maternel, cette image finira par prévaloir. La tradition populaire finit même par créer l'expression « *Moi Tarzan, toi Jane* » alors qu'elle n'a jamais existé, ni dans les romans, ni au cinéma ! Et déjà à cette époque aux États-Unis, plus tard dans les pays étrangers, on imite à ce point mon cri – ou plutôt celui des *Tarzan* de cinéma – dans les cours de récréation comme dans les salles de spectacle que l'on arrive à s'en moquer et que naissent, çà et là, de ridicules parodies filmées.

Ce ne sont pas les six films qui suivront, où *Johnny Weissmuller* évolue sans *Maureen O'Sullivan*, qui amélioreront la situation. *Jane* disparaît d'ailleurs dans les deux premiers, *Le Triomphe de Tarzan* – qui, on l'a vu, n'a strictement rien à voir avec le livre du même nom – et *Le Mystère de Tarzan*, tous deux tournés en 1943, pendant la Seconde Guerre mondiale. Elle réapparaît dans le troisième, *Tarzan et les amazones*, incarnée par *Brenda Joyce*, mais celle-ci ne parvient pas vraiment à faire oublier *Maureen O'Sullivan*, surtout dans les décors à l'économie où l'on tourne depuis que *Sol Lesser*, qui ne dispose pas des mêmes moyens financiers, a repris ses droits. Les trois derniers films où évolue *Johnny Weissmuller*, *Tarzan et la femme léopard*, *Tarzan et la chasseresse*, *Tarzan et les sirènes*, sont, il est vrai, de meilleure facture. Mais si, moi Tarzan, seigneur de la jungle, je passe à travers le temps dans les livres de *Edgar Rice Burroughs*, *Johnny Weissmuller*, âgé de 41 ans quand il entame son neuvième film *Tarzan et les amazones*, commence à singulièrement vieillir.

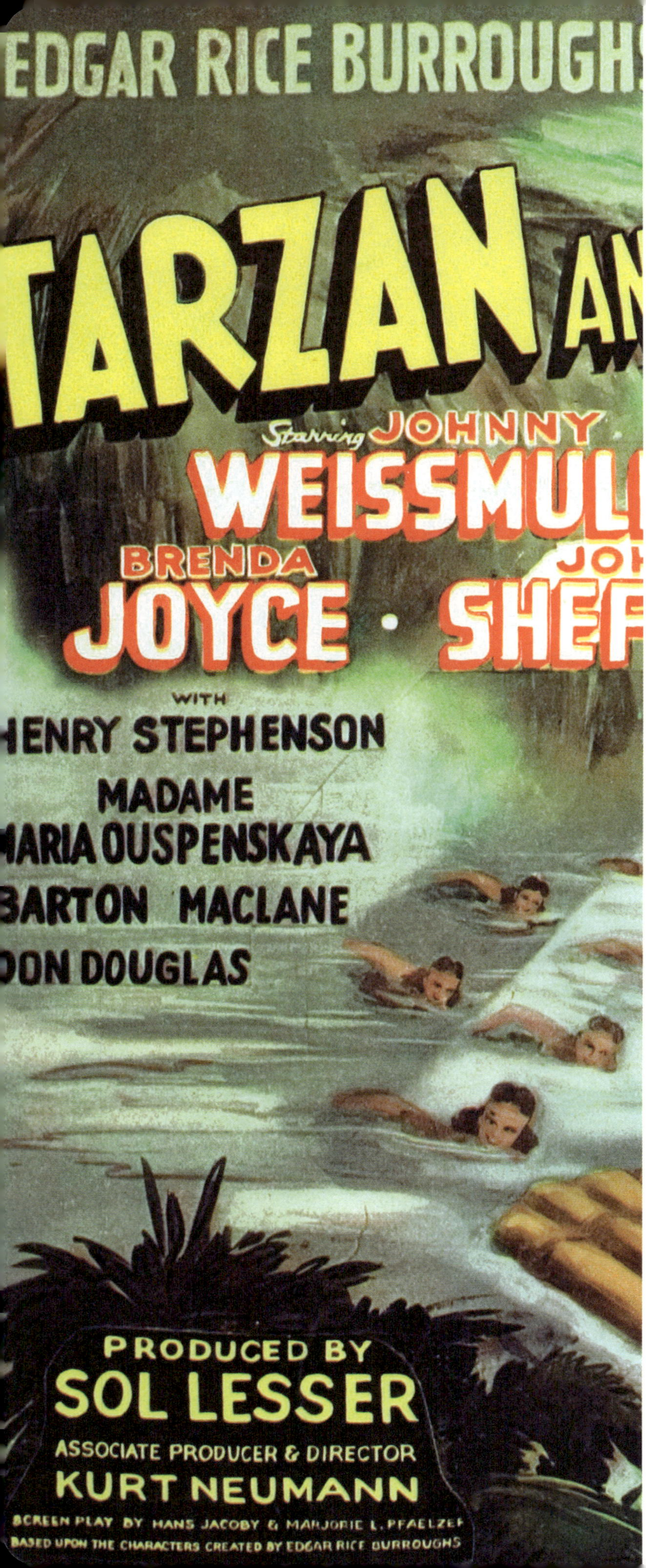

Brenda Joyce joue ici le rôle de Jane. Pas très contente que Tarzan conduise un groupe d'anthropologistes dans une mystérieuse tribu de femmes, les amazones.

P. 112-113
Pas de Jane dans les deux films qui ont suivi le retrait de Maureen O'Sullivan (*Le Triomphe de Tarzan* et *Le Mystère de Tarzan*). Puis Brenda Joyce apparaît dans *Tarzan et les amazones*.

Et plus encore *Johnny Sheffield*, qui incarne l'enfant tombé du ciel que m'a donné le cinéma. Il avait 8 ans quand il est apparu dans *Tarzan trouve un fils*, aujourd'hui adolescent de 14 ans, il ne fait plus très crédible. Dans un des derniers films où il m'incarne, *Tarzan et les sirènes*, *Johnny Weissmuller* a 44 ans et quelques kilos de trop. Pourtant, même s'il tourne des *Jungle Jim* pour des feuilletons de la télévision naissante, il est encore très populaire et on le sollicite beaucoup pour des interviews… à la fin desquelles il ne se fait pas prier pour pousser le cri de *Tarzan*. Il prétend qu'il en est l'inventeur, que celui-ci lui est venu naturellement quand il fréquentait les quartiers autrichiens de Chicago avec son père, émigré de l'Empire austro-hongrois, où l'on s'adonnait à des concours chantés de « yodle ». La *MGM*, de son côté, affirmait que le cri avait été fabriqué en studio, avec un mélange de cris d'un chameau et d'une hyène, du pincement d'une corde de violon et du *mi* aigu d'une soprano !

Qu'importe la vérité, je sais bien moi, *Tarzan* seigneur de la jungle, qu'aucun des acteurs qui a été sollicité pour m'incarner, ne sera jamais parvenu à pousser mon cri, ce cri de victoire et de domination que j'ai appris des grands anthropoïdes et que mon père créateur *Edgar Rice Burroughs* décrivait comme sauvage, terrifiant, parfois même sinistre et hideux, surnaturel aussi, toujours propre à « secouer les échines » de ceux qui l'entendaient dans la jungle, animaux et humains.

E AMAZONS
D

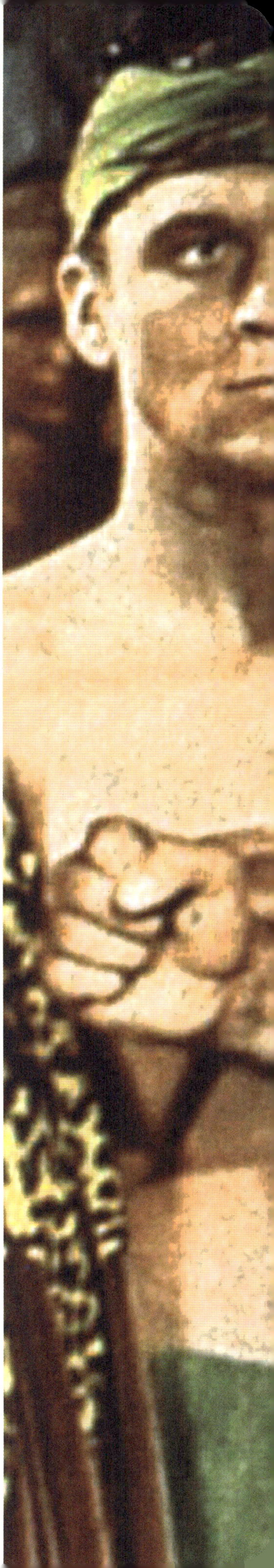

Edgar Rice Burrough's
TARZAN
and the
Leopard Wom

Des actes de violence sont commis dans la jungle. Dus à des léopards ? Tarzan se doute que les responsables se couvrent de la peau du fauve pour se livrer à leurs méfaits. Et puis, il y a la mystérieuse grande prêtresse…

Humain, *Johnny Weissmuller* en est un représentant type. Il a gagné beaucoup d'argent mais gère de façon catastrophique des biens qui appartiennent en définitive à son imprésario. Au fil d'une vie sentimentale agitée, il divorce quatre fois, il se couvre de dettes, sombre même un temps dans l'alcoolisme. En 1960, il a 56 ans, il tente d'ouvrir près de Hollywood une « Jungle Hunt » avec restaurant, mais sans succès et, poursuivi par le fisc, il va tenter de gagner un peu d'argent en Europe grâce à des interviews rémunérées. En 1972, à 68 ans, il devient portier au *Caesar Palace* de Las Vegas !

En 1973, il est victime d'une attaque cérébrale. Ses enfants l'installent dans une maison de retraite pour acteurs, mais il commence à être très agité et perturbe les lieux en poussant son fameux cri ! Alors, on lui réserve, à Acapulco, près d'une mini-jungle exubérante où il a tourné pour plusieurs films, au cœur d'un complexe de loisirs exotique baptisé *Flamingos* dont il fut autrefois actionnaire et où vient souvent se reposer *John Wayne*, une maison ronde appelée *Tarzana*. Il n'en profitera pas longtemps. En 1983, il a 79 ans, il souffre de graves troubles respiratoires, de démence sénile avancée, et ne pèse plus que 60 kilos.
Il meurt et on l'enterre à Acapulco le 20 janvier 1984. Peu de monde pour ses obsèques, en dehors de ses enfants et quelques rares amis. Personne, absolument personne, ne s'est déplacé de Hollywood ! Soudain résonne dans le cimetière, comme il en a exprimé la volonté, le cri de *Tarzan*. Fort, trop fort, rendu lugubre et glaçant à cause d'une sonorisation maladroite.

Deux périodes très distinctes dans la carrière de Johnny Weissmuller incarnant Tarzan : les six films réalisés entre 1932 et 1942 avec Maureen O'Sullivan, son inoubliable compagne de cinéma. Et les six autres (*Tarzan et les sirènes*, *Le Triomphe de Tarzan* par exemple) tournés jusqu'en 1948, avec ou sans d'autres Jane, qui auront souvent été moins appréciées.

RKO
RADIO
FILMS
SEGOGNE
JOHNNY WEISSMULLER et JOHNNY SHEFFIELD
dans Le TRIOMPHE de TARZAN
avec FRANCES GIFFORD
MISE EN SCÈNE DE KURT NEUMANN
IMP. BEDOS & Cie PARIS

Edgar Rice Burroughs trouvait Johnny Weissmuller un peu balourd. Aussi a-t-il accueilli l'arrivée de Buster Crabbe avec plaisir.

BUSTER CRABBE

Il ne parle pas, il siffle

Dans *Tarzan l'indomptable*, le septième livre écrit par *Edgar Rice Burroughs* en 1920, je pénètre au cœur des troupes allemandes qui ont envahi la zone anglaise de l'Afrique orientale et qui ont réduit en cendres la ferme où je me suis installé, en plein pays *Waziri*. Je suis largement aidé par *Numa* le lion que j'ai nourri quand il était affamé. Il m'en a toujours été reconnaissant, attaquant mes ennemis et protégeant mes amis. C'est la loi de la jungle où la solidarité entre les créatures qui l'habitent, hommes ou bêtes, n'est jamais un vain mot.

Rien n'est pareil dans la jungle du cinéma. Alors que la *MGM* se lance dans une série de films qui ne seront pas fidèles aux livres de mon auteur de père, le producteur *Sol Lesser* s'apprête, lui aussi, à faire vivre mon image sur les écrans du cinéma parlant. Et comme il n'a pas l'intention de faire jouer *James Pierce*, il propose à ce dernier de se désengager du contrat qui les liait en contrepartie de 5 000 dollars et d'une audition auprès de la *MGM* qui, à coup sûr, lui confiera un joli rôle. En guise d'essai, on demande au naïf gendre de *Edgar Rice Burroughs* de déclamer une tirade de *Shakespeare*. Il échoue lamentablement. *Sol Lesser* a les mains libres pour engager un certain *Buster Crabbe* grâce auquel il compte bien concurrencer *Johnny Weissmuller.*

Les deux hommes ont en commun qu'ils sont de grands champions de natation. *Buster Crabbe*, bien que né près de San Francisco, a passé son enfance dans les eaux chaudes de Hawaï où vit son grand-père paternel et où il a nagé dès l'âge de 4 ans. Adolescent, il rejoint son père en Californie dont il fréquente l'université et s'engage dans des compétitions de natation où il côtoie souvent *Johnny Weissmuller*. Les deux nageurs s'apprécient, parlent parfois cinéma au bord des piscines, car le plus jeune, *Buster Crabbe*, né en 1908 sous le nom de *Clarence Linden*, commence à tourner dans de petits films. Aux jeux Olympiques d'Amsterdam, en 1928, alors que *Johnny Weissmuller* décroche ses deux médailles d'or, *Buster Crabbe* obtient une médaille de bronze sur 1 500 mètres. Et en 1932, aux Jeux olympiques de Los Angeles, il monte sur la plus haute marche du podium en gagnant le 400 mètres.

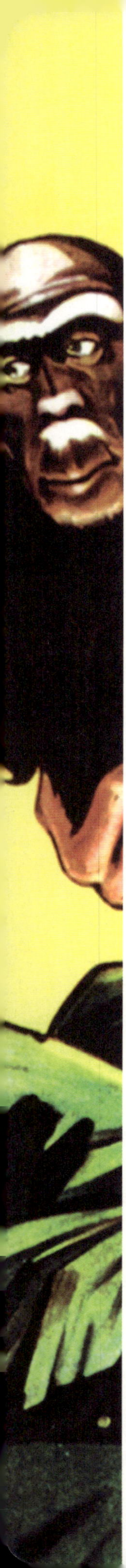

S'il n'a pas réussi à s'imposer comme un nouveau Tarzan, Buster Crabbe aura été aussi Kaspa, fils de la brousse, Billy the Kid, Flash Gordon et même Buck Rogers.

P. 122-123 « Le plus grand Tarzan de tous les temps », dit l'affiche. En 1933, Johnny Weissmuller a tourné son premier film et, avant le deuxième *Tarzan et sa compagne*, on tente de lui opposer Buster Crabbe avec *Tarzan l'intrépide* où Carlotta Monti tient le rôle de Madi, grande prêtresse du dieu Zar.

Ce qui lui vaut d'abord de décrocher un rôle dans *Kaspa fils de la brousse*, un faux seigneur de la jungle inventé – déjà – par la *Paramount*, et, dans le sillage de cette imitation, de se voir proposer de m'incarner, moi le vrai *Tarzan*, pour le film que réalise la *Serial Production Corporation*, intitulé *Tarzan l'intrépide*. Le vrai, il faut le dire vite. Parce que je ne vois pas très bien, et beaucoup de critiques de cinéma ont pensé comme moi, à quel livre de *Edgar Rice Burroughs* correspond l'histoire racontée en images de cette poupée blonde appelée *Mary*, incarnée par la pétillante *Julie Bishop* (de son nom de jeune fille Jacqueline Wells) aux airs de mondaine perdue dans la jungle, qui tente de retrouver son père anthropologue, hélas en compagnie d'individus sans scrupules très intéressés par la main du dieu *Zar* cerclée d'émeraudes. Seule référence à mon père écrivain : l'expédition est conduite par deux malfrats qui savent fort bien que *Tarzan* est aussi l'héritier de la fortune de *Lord Greystoke* et qui cherchent à le ramener mort pour toucher une récompense de 100 000 livres. Pour le reste, *Edgar Rice Burroughs* est franchement trahi dans la mesure où, à la fin du film, la blonde *Mary* renvoie sans autre forme de procès le fiancé qui l'accompagnait et décide de rester dans la jungle avec le *Tarzan* de cinéma dont elle est tombée amoureuse.

Le *Tarzan* de cinéma en question est donc *Buster Crabbe*, beau garçon au visage sympathique éclairé par un sourire lumineux, évoluant dans une jungle qui ne donne jamais l'image de grands espaces même quand elle sort des studios de Hollywood pour s'installer sur les rives opulentes du *lac Sherwood*, dans la région de Los Angeles. Pas de grands troupeaux non plus. Un crocodile (en caoutchouc), un chimpanzé, un éléphant et un lion bien apprivoisés, c'est tout. Dans la scène de combat, située au début de ce film proposé en deux séries de huit et douze épisodes et une version plus longue, *Buster Crabbe* combat un *Numa* docile auquel, visiblement, on a appris à se coucher dès qu'il voit son adversaire de cinéma lever son couteau ! Pas de cri à l'instant précis de la victoire, le « ah-ah-ah » qu'entonne parfois l'acteur est souvent poussé au cours des nombreux déplacements en lianes, toujours providentielles, dont *Tarzan l'intrépide* use et abuse. Pas beaucoup de paroles non plus, l'homme-singe du film, hormis quelques bouts de phrases du genre « non partir » ou « nuit tomber », remplace volontiers les réponses que sollicite *Mary* par des sourires un peu niais. Mais si le *Tarzan* du film ne parle pas, il siffle, perché en haut d'un arbre, pour attirer les regards de la jeune femme dont on devine bien avant la fin de l'intrigue qu'elle va devenir sa compagne, même si elle ne s'appelle pas *Jane*. Bref, *Johnny Weissmuller* n'est pas détrôné à la veille de figurer, en 1934, dans son deuxième film *Tarzan et sa compagne*.

SOL
ESSER
esents
BUSTER
CRABBE
IN
TARZA
CHAPTER 10 The DEATH PL

THE
FEARLES
IGE

SOL LESSER
presents
BUSTER
CRABBE
IN
A New EDGAR RICE
BURROUGHS Story
"TARZAN
THE FEARLESS
ROMANCE
THRILLS
ADVENTUR
with
JACQUELINE WELLS, EDWARD WOODS and A GREAT CAST
THE GREATEST TARZAN OF ALL TIME!

Dans *Tarzan l'intrépide*, Jacqueline Wells, qui se fait aussi appeler Julie Bishop, tient le rôle de Mary Brooks. Autrement dit, une autre Jane inventée par le cinéma.

P. 126-127 *Tarzan l'intrépide* a été proposé en deux versions de douze et neuf épisodes. Jane Porter, ou plutôt Mary Brooks, a été capturée par de méchants Arabes et l'homme-singe vient négocier sa libération.

***Buster Crabbe*, qui est plus intelligent qu'il y paraît dans la jungle cinématographique,** n'insiste pas. Son sourire juvénile fait qu'il est choisi par la *MGM* pour incarner *William Boney* dit *Billy the Kid*, ainsi surnommé parce qu'il présentait un visage très enfantin. Le personnage a réellement existé de 1860 à 1881, tuant autant de personnes, 21, qu'il a connu d'années d'existence. Mais Hollywood en a fait un gentil cow-boy.

Parallèlement à sa carrière cinématographique, *Buster Crabbe* profite de sa notoriété de champion de natation pour créer une ligne de piscines. En 1936, 1938 et 1941, il incarne même à l'écran pour la firme *Universal*, un personnage de bande dessinée qui fait fureur : *Flash Gordon*, jeune star du football américain embarqué avec sa compagne dans la fusée du docteur *Zarkov* pour une planète qui s'apprêtait à envahir la Terre. Et coup double en 1939 : on lui demande d'endosser l'habit spatial de *Buck Rogers*, autre héros de BD très populaire, qui, pilotant un énorme dirigeable et pris dans une tempête polaire de l'Arctique, est miraculeusement préservé jusqu'en 2440, quand il est découvert par les hommes de *Killer Kane*, le gangster scientifique qui domine le monde.

Tarzan – dont les dessinateurs se sont emparés dès 1929 – *Flash Gordon* et *Buck Rogers* : à défaut de tenir mon rôle d'homme-singe et de seigneur de la jungle au cinéma très longtemps, *Buster Crabbe* aura été le seul acteur américain ayant incarné les trois personnages de bande dessinée les plus célèbres des années 1930.

ROMANCE ! TH

ADVENTURE

Séries télévisées
Le casse-cou, l'écolo, le fantastique et l'homme des villes

Le 20 janvier 1966, le producteur *Sy Weintraub* quitte précipitamment le Brésil, où son équipe de tournage vient de terminer le film *Tarzan et l'enfant de la jungle*. Destination : Hollywood. Une circonstance exceptionnelle commande ce voyage éclair : fatigué, atteint de dysenterie et souffrant d'intoxication alimentaire, agacé d'avoir été mordu par un chimpanzé, *Mike Henry*, le quatorzième *Tarzan* du grand écran, a décidé d'abandonner le cinéma ! Un coup dur pour toute l'équipe dont le contrat prévoit non seulement le tournage de trois films, mais aussi la réalisation d'une série télévisée, prévue en 57 épisodes de soixante minutes.

Quarante-huit heures plus tard, *Sy Weintraub* est de retour à Rio ! Accompagné d'un acteur de 28 ans, mesurant 1,93 mètre et pesant 95 kilos. Il a peu tourné, mais Dieu qu'il est beau ! C'est d'ailleurs grâce à sa présence dans un feuilleton télé éphémère, où l'on a remarqué son physique et sa fine musculature, qu'il a été choisi malgré son inexpérience. Il s'appelle *Ron Ely*. Pas de temps à perdre, on le lance immédiatement dans le bain après l'avoir habillé d'un pagne en peau d'antilope à 30 dollars.

Le débutant fait merveille. Dans une jungle hostile située à 1 h 30 de Rio, l'équipe de tournage doit affronter des pluies torrentielles qui détruisent parfois les décors, une chaleur poisseuse, de gros moustiques noirs appelés *barachutos*, quand ce n'est pas la dysenterie. *Ron Ely*, lui, effectue consciencieusement les scènes les plus dangereuses, court au-dessus des chutes d'Ugazu à 65 mètres de hauteur, se brûle en traversant des flammes pour les besoins d'une scène, se fait mordre par un lion, se fracture plusieurs côtes en manquant une liane. Dix-sept blessures en tout ! Mais que ce soit au Brésil ou au Mexique où a lieu la suite du tournage, il refuse de se faire doubler. Pour autant, le casse-cou ne perd jamais rien de sa superbe en tenant le rôle d'un homme raffiné et cultivé revenant à la jungle pour y retrouver la sérénité qui manque tant à la civilisation.

À la fin du mois d'août 1966, onze épisodes sont tournés, soit la production suffisante pour environ huit

Ron Ely et Cheeta ont passionné les téléspectateurs américains dans une série pour petits écrans à succès diffusée en 57 épisodes, de septembre 1966 à avril 1968.

mois de diffusion. Afin de promouvoir la série, la chaîne de télévision *NBC* réunit sur la même photo, outre *Ron Ely* bien sûr, *James Pierce* le *Tarzan* de 1927, *Johnny Weissmuller* qui a incarné le seigneur de la jungle à douze reprises de 1932 à 1948, et *Jock Mahoney*, qui a tenu le rôle de l'homme-singe en 1962 et 1963. Mais, dans sa hâte à devancer une chaîne concurrente qui devait proposer une nouvelle émission le vendredi 9 septembre, elle diffuse le premier épisode vingt-quatre heures plus tôt, donc un jeudi. Mauvais choix dans la mesure où le taux d'audience est moins favorable ce jour-là qu'à la veille du week-end. Le démarrage de la série est chaotique, les premières estimations ne la classent qu'en 51e position sur 100 émissions de début de soirée.

À la mi-décembre, pourtant, elle commence à trouver son public. La beauté des décors naturels, l'originalité de l'intrigue qui suit plutôt bien l'histoire initiale, semblent conquérir un nouveau public. Les femmes, surtout, subjuguées par la beauté de *Ron Ely*, font remonter l'audience. Ce public féminin sera-t-il suffisant pour que la série soit maintenue ? Les tournages s'accentuent – à Londres, au Guatemala, au Mozambique même. Mais, à la reprise de la deuxième saison, en septembre 1967, le charme semble ne plus très bien opérer. *Sy Weintraub* avait cru bon de se passer de la présence de *Jane*, cet oubli volontaire lui est amèrement reproché par la presse spécialisée. Quant au personnage de *Jaï*, le petit garçon incarné par *Manuel Padilla*, il est jugé plus stupide encore que *Boy* qui jouait dans les anciens films avec *Johnny Weissmuller*. *Cleveland Amory*, un critique très respecté à l'époque, « recommande très chaleureusement *Tarzan* comme un spectacle pour endormir les enfants… ». La série s'arrête en avril 1968 ; il n'y aura pas de troisième saison. *Ron Ely*, contrairement à ce qu'il avait espéré, ne succédera jamais à *Mike Henry* et ne deviendra pas le quinzième *Tarzan* du cinéma.

Il faudra attendre 1989 pour que la télévision américaine, émoustillée par le succès de *Greystoke*, sorti en salles en 1984, propose aux habitués du petit écran une émission à épisodes réalisée par *Michael Schultz*, qui ne durera que le temps d'une saison. Rien d'étonnant : nous sommes loin du réalisme du film de *Hugh Hudson*, dans lequel *Christophe Lambert* a incarné le seigneur de la jungle. Changement de décor total : la série télé s'intitule *Tarzan in Manhattan*. *Tarzan*, en pagne et bottines de daim, quitte sa jungle natale pour les tours de New York afin de sauver *Cheeta* qui a été enlevée par un méchant trafiquant désireux de la revendre à des vivisecteurs sans scrupules ! *Tarzan*, c'est *Joe Lara*, guitariste dans un groupe de musique country, dont la plastique avantageuse et les longs cheveux bruns lui valent de poser pour des magazines de mode et des calendriers. La série ne connaît pas un grand succès et s'arrête d'elle-même. Mais, pour *Joe Lara*, elle constitue un tremplin qui lui permet de devenir l'Indien *Wolf Gunsmoke* dans *The Last Apache*

En 1989, Joe Lara succède à Ron Ely dans un feuilleton télévisé. Cette série, qui se déroule dans la jungle urbaine… des tours de Manhattan, ne rencontre pas le succès.

en 1990, un film de série B, ou encore *Hercule* dans des téléfilms populaires.
Voilà ce qu'il en coûte de faire évoluer l'homme-singe dans un paysage de béton à une époque où son mythe est encore bien vivant et où les chaînes de télévision, qui se livrent à une concurrence féroce, cherchent à produire des feuilletons de début de soirée dont le personnage central jouit déjà d'une bonne réputation. C'est ce que pensent alors deux producteurs, *William Cooke* et *Steve Hayes*, qui réalisent pour le petit écran une série simplement intitulée *Tarzan*, sur le thème « la jungle est son royaume ». Un royaume que l'acteur choisi pour incarner l'homme-singe, *Wolf Larson*, à la manière d'un écologiste avant l'heure, va défendre bec et ongles contre les méchants qui n'hésitent pas à détruire la flore pour capturer la faune. *Wolf Larson* n'est pas un débutant. Il a dépassé la trentaine. Solidement diplômé, il était promis à une belle carrière dans les milieux financiers de Wall Street. Mais, en visitant Los Angeles, il est repéré pour sa belle gueule par un producteur qui lui obtient un petit rôle dans le film *Mad About You*, lequel, sous le titre français *Dingue de toi*, sera découpé en épisodes et fera les beaux jours de TF1 en 1994.
Le concept de la série plaît beaucoup aux téléspectateurs américains. Ils apprécient ce *Tarzan* luttant contre un trafiquant d'ivoire qui massacre les élé-

Wolf Larson à gauche, Travis Fimmel à droite. Tous les deux sont blonds. Si le premier, en Tarzan écologiste, plaît aux téléspectateurs, le deuxième, qui évolue en plein New York, a été beaucoup moins apprécié.

phants ou contre un braconnier tueur de rhinocéros, intéressé par les cornes aux vertus soi-disant aphrodisiaques qui se revendent à prix d'or. Ils adorent cette *Jane Porter*, incarnée par *Lydie Denier*, à la fois photographe et chercheuse naturaliste, qui s'inquiète déjà des effets de la couche d'ozone sur la végétation de la jungle, bague les perroquets, fait incuber des œufs d'iguane abandonnés par leurs mères. Et qu'importe si *Wolf Larson* est blond, la série comporte 75 épisodes qui connaissent un beau succès durant trois saisons, de 1991 à 1994.

De quoi inciter les télévisions américaines, deux ans plus tard, à renouveler l'expérience en proposant une nouvelle série sous le titre *Les Aventures fantastiques de Tarzan*. Pour la réaliser, le producteur *Brian Yuzna* a même décidé de demander à *Joe Lara* de reprendre du service. Et il a bien l'intention de faire ce que n'ont jamais guère voulu ou pu faire les producteurs de cinéma jusqu'ici : respecter l'œuvre de *Edgar Rice Burroughs*. Ce n'est d'ailleurs pas sans raison que la série s'intitule *Les Aventures fantastiques*. Des hommes-fourmis lilliputiens aux gorilles qui parlent anglais, en passant par *Mafka*, le tout-puissant magicien de la jungle qui exerce ses pouvoirs télépathiques à distance, l'écrivain américain ne s'est pas privé d'imaginer des êtres et des mondes mystérieux où vivent des peuplades étranges et inconnues.

C'est même toute la base de sa production littéraire. Pour autant, la série ne sera diffusée que durant une seule saison, en 21 épisodes, du 28 août 1996 au 25 mai 1997, et ne remportera pas plus de succès auprès des téléspectateurs américains qu'elle n'en a remporté auprès du grand public français, auquel elle est proposée sur M6 en 1997. L'explication de cet échec est toute simple : les amateurs de télévision du monde entier, qui sont aussi le plus souvent des spectateurs fréquentant des salles de cinéma, n'ont pas lu, dans leur très grande majorité, les livres de *Edgar Rice Burroughs*. Ils ne connaissent absolument pas les univers fantastiques dans lesquels l'écrivain a souvent entraîné son héros. De *Tarzan*, ils se projettent surtout l'image de *Johnny Weissmuller*, qui évolue dans une jungle édulcorée, souvent au milieu de paysages superbes et aseptisés, et vit dans une cabane digne d'un bungalow de vacances du Club Méditerranée.

Il faudra attendre 2003 pour que la chaîne américaine *WB*, spécialisée dans les films pour la jeunesse et les adolescents, ose proposer une série intitulée *Jane et Tarzan* qui ne durera d'ailleurs que le temps de huit épisodes, du 5 octobre au 23 novembre. Comment s'en étonner ? Les producteurs *Steve Loter* et *David Nutter* sont retombés à pieds joints dans les pires affres de leurs collègues du cinéma américain. Non pas dans le choix de l'acteur qui incarnera le quatrième *Tarzan* du petit écran

puisqu'il s'agit de *Travis Fimmel*, un athlétique Australien de 24 ans qui commence une carrière d'acteur après avoir été remarqué dans une campagne de publicité du grand couturier *Calvin Klein*. Mais dans le scénario de l'histoire, qui se déroule à New York, au cœur d'une jungle urbanisée, où l'on peut même voir le *Tarzan* de la série pousser son cri sur le trottoir d'une avenue animée et prendre un taxi, avec un pagne pour seul vêtement, sans que personne ne semble intrigué par la scène ! Si l'homme-singe a d'ailleurs quitté sa jungle natale pour s'aventurer entre les tours d'immeubles américains, c'est d'ailleurs pour défendre l'empire financier de *Greystoke Industrie*, que les réalisateurs du film n'hésitent pas à transposer de Londres à New York, contre la cupidité de son oncle, *Richard Clayton*, incarné par *Mitch Pileggi*, qui le retient prisonnier dans une cage à l'intérieur du building familial. Bien entendu, *Tarzan* s'évade et rencontre *Jane Porter*, dont le rôle est tenu par *Sarah Wayne Callies*, une femme de la police locale qui enquête sur une série de meurtres de sans-abri.

Nous voilà loin, très loin, de la jungle africaine, dans un univers urbain plutôt violent où *Tarzan*, le costume en moins, ressemble plutôt à *Batman !* Aussi incongru, en vérité, que *Zorro* qui enquêterait au cœur de l'aiguille d'Étretat façon *Arsène Lupin* ou que *Sherlock Holmes* qui poursuivrait les Indiens dans le grand Ouest américain…

Dessins animés
Phil Collins chante Tarzan

Sans le cinéma, le personnage de Tarzan ne serait sans doute pas devenu un mythe universel. Et les livres de *Edgar Rice Burroughs*, même s'ils ont connu de 1912 à 1940 un extraordinaire succès mondial, seraient probablement aujourd'hui oubliés. La preuve : prolifique auteur de science-fiction, *Edgar Rice Burroughs* a aussi inventé le personnage de *John Carter* partant à la découverte de la planète Mars. Dans les années 1930-1940, ce héros cosmique a fait l'objet de nombreuses bandes dessinées – il a même été croqué dans 72 planches par *John Coleman Burroughs*, le propre fils de *Edgar Rice Burroughs*. Mais, pendant de longues décennies, le cinéma ne s'est guère intéressé à lui, jusqu'en 2012 en tout cas, date annoncée par les studios *Walt Disney Pixar*, pour la sortie d'une superproduction enfin consacrée à ce héros cosmique.

Seule réserve concernant le très bon dessin animé produit par Walt Disney en 1999 : les traits un peu acérés du visage de Tarzan.

Il faut d'ailleurs se rendre à l'évidence : si tout le monde connaît *Tarzan*, quelle est la proportion de celles et ceux qui savent que l'homme-singe a été inventé par un écrivain américain nommé *Edgar Rice Burroughs* ? Pour nombre d'individus, *Tarzan* est un héros de cinéma et rien d'autre – quand il n'est pas uniquement et exclusivement *Johnny Weissmuller*. Et il faut bien reconnaître que depuis 1998, date du dernier film proposé aux spectateurs du monde entier (*Tarzan et la cité perdue*), le mythe de l'homme-singe, s'il est toujours aussi connu, s'est estompé dans l'esprit du grand public.

Dernier film… pas tout à fait : en juin 1999, en effet, la célèbre firme *Walt Disney Pictures* produit un dessin animé, simplement intitulé *Tarzan*, qui devait remporter un gros succès. Une très belle réalisation de *Chris Buck* et *Kevin Lima* qui s'adresse aussi bien aux adultes qu'aux enfants et dont le scénario est fidèle à la véritable histoire de *Tarzan* telle que l'a contée *Edgar Rice Burroughs*. Seule petite réserve d'ordre esthétique : le visage de *Tarzan*, adorable poupon au début du film, devient un peu plus ingrat, avec des traits un peu acérés, au fur et à mesure qu'il grandit. Mais de *Kala*, la guenon attendrissante maman adoptive, à *Kerchak*, l'intraitable chef de la tribu, en passant par *Tantor*

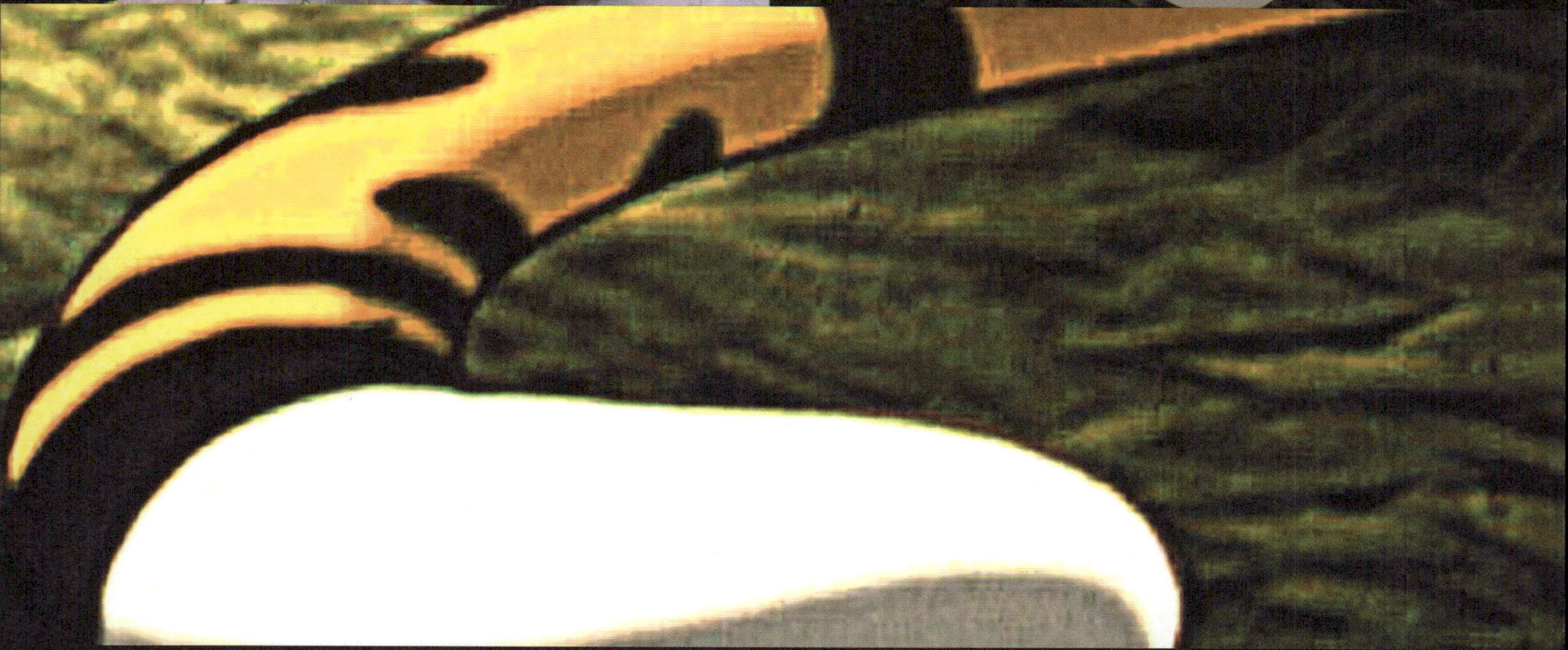

le petit éléphant pataud, tous les personnages se révèlent très attachants. Et, dans la version française, les voix de *Muriel Robin* et de *Valérie Lemercier*, qui doublent *Tok*, l'espiègle petit cousin singe de *Tarzan*, et *Jane*, délicieusement mondaine, s'adaptent merveilleusement aux personnages.
Côté technique, il faut d'ailleurs ajouter que le procédé du dessin animé a permis de réaliser ici des choses que n'aurait pas pu proposer un film classique : tous les animaux de la jungle sont réunis et aucun acteur n'aurait pu parvenir aux prouesses physiques de ce *Tarzan* dessiné qui se déplace dans la vertigineuse canopée de la jungle avec une souplesse et une rapidité fantastiques, grâce au *Deep Canvas*, système qui permet à la caméra, dans un fantastique univers tridimensionnel, de suivre l'image avec un réalisme étonnant.
Et puis, cerise sur le gâteau, il y a les superbes chansons de *Phil Collins*, interprétées en plusieurs langues selon le pays de diffusion, qui donnent encore plus d'ampleur aux paysages et créent une ambiance chaleureuse. De véritables petits bijoux musicaux, modernes mais pas trop, ni trop rythmés ni trop exotiques, qui s'appuient sur des paroles que n'aurait sans doute pas reniées *Edgar Rice Burroughs* tant elles correspondent à l'histoire initiale de *Tarzan*

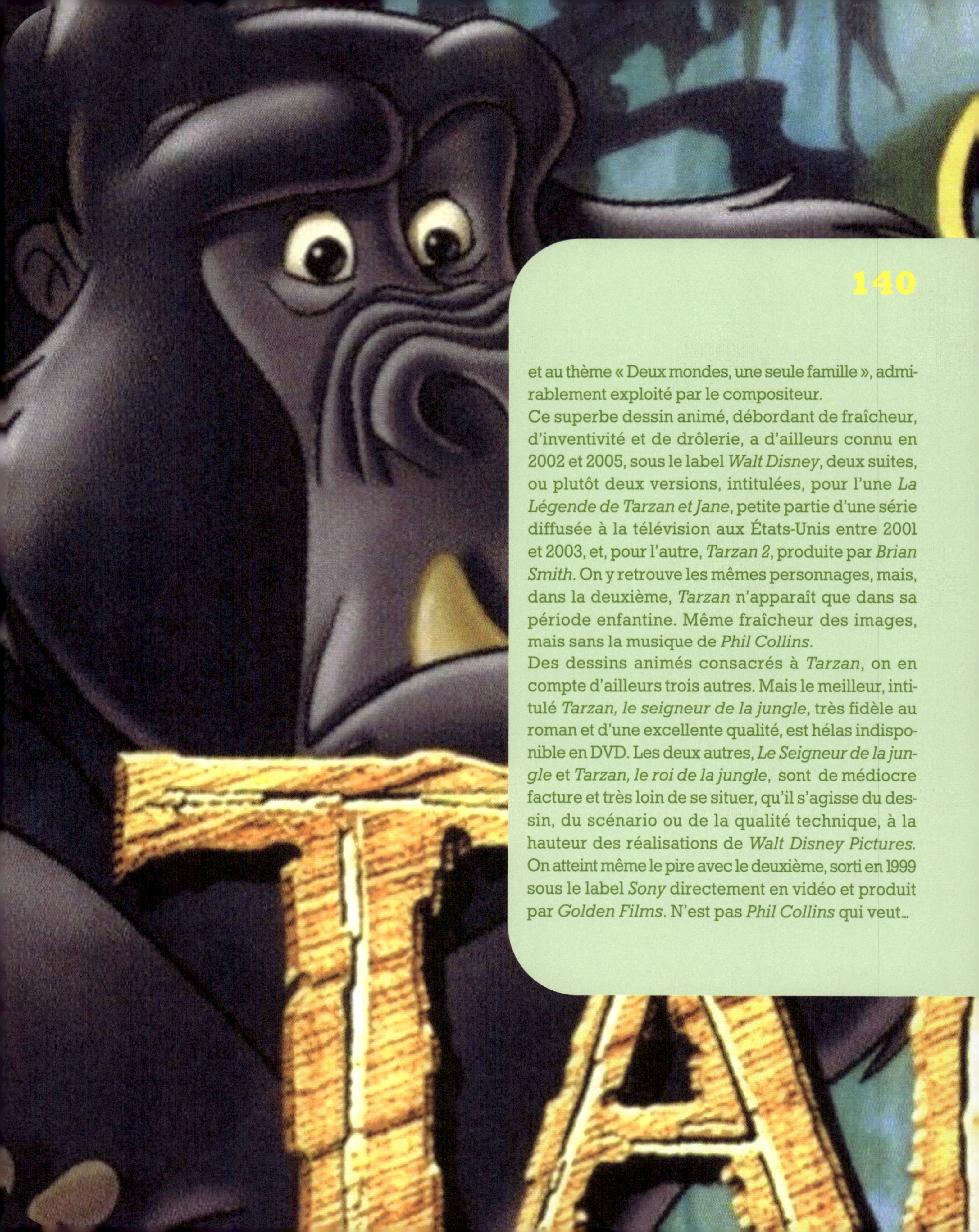

et au thème « Deux mondes, une seule famille », admirablement exploité par le compositeur.

Ce superbe dessin animé, débordant de fraîcheur, d'inventivité et de drôlerie, a d'ailleurs connu en 2002 et 2005, sous le label *Walt Disney*, deux suites, ou plutôt deux versions, intitulées, pour l'une *La Légende de Tarzan et Jane*, petite partie d'une série diffusée à la télévision aux États-Unis entre 2001 et 2003, et, pour l'autre, *Tarzan 2*, produite par *Brian Smith*. On y retrouve les mêmes personnages, mais, dans la deuxième, *Tarzan* n'apparaît que dans sa période enfantine. Même fraîcheur des images, mais sans la musique de *Phil Collins*.

Des dessins animés consacrés à *Tarzan*, on en compte d'ailleurs trois autres. Mais le meilleur, intitulé *Tarzan, le seigneur de la jungle*, très fidèle au roman et d'une excellente qualité, est hélas indisponible en DVD. Les deux autres, *Le Seigneur de la jungle* et *Tarzan, le roi de la jungle*, sont de médiocre facture et très loin de se situer, qu'il s'agisse du dessin, du scénario ou de la qualité technique, à la hauteur des réalisations de *Walt Disney Pictures*. On atteint même le pire avec le deuxième, sorti en 1999 sous le label *Sony* directement en vidéo et produit par *Golden Films*. N'est pas *Phil Collins* qui veut…

En 2005, Walt Disney propose une suite à son *Tarzan* de 1999 intitulée *Tarzan 2*. Même fraîcheur des images, hélas sans l'illustration musicale de Phil Collins. Tarzan, ici, n'apparaît que dans sa période enfantine.

THE GREATEST TARZAN OF ALL TIME
HERMAN
BRIX
WORLD FAMOUS ATHLETE AND
OLYMPIC GAMES CHAMPION
IN
THE NEW ADVENTURES OF
TARZAN
A BURROUGHS-TARZAN ENTERPRISE
DGAR RICE
URROUGHS'
RILLING NEW
ICTURE
MED IN GUATEMALA
BY THE
HTON DEARHOLT
XPEDITION
VOLUME 2
with ULA HOLT
FRANK BAKER
LEWIS SARGENT
AND A TREMENDOUS
SUPPORTING CAST

D'abord proposées en douze épisodes, *Les Nouvelles Aventures de Tarzan*, tournées au Guatemala, ont été regroupées en un film intitulé *Tarzan l'intrépide*.

P. 144-145 *Tarzan and the Green Goddess*. La déesse verte est en fait un totem qui contient un puissant et mystérieux explosif ; mais aussi des pierres précieuses, ce qui explique l'acharnement des hommes à tenter de se le procurer.

HERMAN BRIX

Dans la jungle du Guatemala

Dans la jungle farouche où j'ai été élevé par *Kala*, la végétation est si dense, la forêt parfois si inaccessible sous le couvert des végétaux géants qui s'entrelacent à leur sommet, que même les plus violentes pluies tropicales ont du mal à y pénétrer. Pour tout être non habitué à cet univers d'apparence aussi cruelle, l'horizon s'arrête là, à l'infranchissable frontière des épais festons de lianes qui grimpent à l'assaut des arbres gigantesques. Moi qui ai vécu dans la forêt vierge dès ma plus tendre enfance, même si j'ai accepté d'en sortir pour l'amour de *Jane*, je sais bien qu'au-delà de ce paysage impénétrable se cachent les habitats de peuplades méconnues qui ont su s'adapter à cet univers impitoyable. Et pas seulement des villages de *gomangani*, hommes noirs qui ont installé leurs habitations en forme de cases rondes dans les clairières qui bordent les cours d'eau. Mais aussi des villes entières qui abritent des civilisations mortes, ou encore vivantes, que les *tarmangani*, les hommes blancs, découvrent hélas parfois.

Dans son cinquième livre, *Tarzan et le trésor d'Opar*, l'homme qui m'a enfanté imagine que je retourne dans la fabuleuse cité dont un vieux *waziri* m'a révélé l'existence et dont je franchis « les hauts murs hérissés de pyramides, de tours, de minarets et de dômes rouges et jaunes qui miroitent au soleil ». Dans son seizième ouvrage, *Tarzan et la cité de l'or*, il m'invente une aventure qui me conduit en Abyssinie puis à *Onthar*, une ville entourée de hautes murailles où l'on accède par un pont en or massif, dont les maisons sont toutes blanches et surmontées de bulbes, en or massif également. Dans son vingtième livre, *Tarzan et la cité interdite*, il me fait participer, dans une boucle du fleuve *Congo*, à un safari très mouvementé qui doit pénétrer dans *Ashair*, mystérieuse ville entièrement abritée à l'intérieur d'un temple superbe, lui-même situé au fond d'un lac gigantesque.

***Edgar Rice Burroughs*, amoureux de la nature et des grands espaces,** est également passionné par les réalisations architecturales des temps anciens, d'où ses récits qui se déroulent souvent dans des cités fantastiques. Et c'est sans doute pourquoi, en 1934, il prend une décision étonnante, motivée par la déception que lui a causée le cinéma parlant, en produisant trois films bien peu fidèles à ses ouvrages : il crée, avec *Aston Dearholt*, un ancien acteur, la société *Tarzan Burroughs Enterprises*, dans le but de réaliser des films qui reviendront au personnage des origines, tout à la fois *Tarzan* seigneur de la jungle et *Lord Greystoke*, homme intelligent et cultivé.

EDGAR RICE
BURROUGH'S
"TARZAN
AND THE
GREEN
GODDESS"

1935 : nous sommes encore à l'époque où l'on recrute les Tarzan de cinéma parmi les champions sportifs. Le lanceur de poids Herman Brix a été médaille d'argent aux Jeux olympiques de 1928.

P. 148-149
Pas de Jane dans les deux films tournés au Guatemala par Herman Brix. La présence féminine est toutefois assurée par l'actrice Ula Holt qui joue le rôle d'une exploratrice peu scrupuleuse sauvée de justesse par Tarzan.

C'est *Edgar Rice Burroughs* en personne qui choisit l'acteur qui va m'incarner : *Herman Brix*, bel athlète de 28 ans qu'une malheureuse blessure avait écarté du rôle-titre de *Tarzan l'homme-singe* en 1931, médaille d'argent aux Jeux olympiques d'Amsterdam en 1928, catégorie lancer du poids. Et comme les civilisations précolombiennes l'ont toujours fasciné, l'homme qui m'a créé n'imagine plus mes nouveaux exploits dans la jungle africaine, mais dans la brousse du Guatemala où une équipe de vingt-neuf personnes se rendra pour tourner !

Expédition mémorable : tempête tropicale à l'arrivée, progression laborieuse, deux cameramen attaqués parce qu'ils ont troublé une cérémonie religieuse ! On tourne enfin dans la majestueuse cité morte de *Tikal* hérissée de temples mayas. Il en sort d'abord un « serial » en douze épisodes en 1935, *Les Nouvelles Aventures de Tarzan,* qui deviendra *Tarzan l'invincible*. Puis, en 1938, un film, *Tarzan et la déesse verte,* fut réalisé avec des séquences non utilisées. La déesse verte est en fait un totem qui contient à la fois des pierres précieuses et un explosif si puissant qu'il pourrait faire sauter le monde. L'histoire avait de quoi captiver un public friand de récits fantastiques. Mais je pose respectueusement la question à l'écrivain qui m'a imaginé : pourquoi être allé si loin pour tourner surtout des scènes d'action, sans grandes ouvertures sur les paysages et dans des ruines mayas filmées en plans serrés ?

HERMAN BRIX
LE PLUS BEL ATHLÈTE DU MONDE
CHAMPION OLYMPIQUE
DANS
TARZAN
L'INVINCIBLE
AVEC
ULA HOLT
D'APRÈS LE ROMAN DE
EDGAR RICE BURROUGH
C'EST UN FILM RED-STAR

324

Herman Brix, très à l'aise à dos d'éléphant, avait la préférence de Edgar Rice Burroughs. « Le plus proche du Tarzan décrit dans les livres », affirmait-il.

Pourquoi ne pas avoir choisi l'Afrique, alors que toutes les aventures que je vis dans les livres se situent au cœur du continent noir ? Quant aux acteurs, ils ne sont pas tous très convaincants et seul *Herman Brix*, fort heureusement, sort du lot, « larges épaules, cheveux noirs, yeux gris d'acier » comme me décrit dans ses livres *Edgar Rice Burroughs*. Il s'exprime parfaitement, il est d'une élégante souplesse, à l'aise en costume quand on évoque son domaine des *Greystoke* en Écosse. Il a même innové en poussant un cri qui n'a certes pas la résonance farouche de celui du grand anthropoïde victorieux, mais qui présente au moins l'originalité de se terminer par *man-ga-ni*, qui signifie « grands singes ».

Le film, qui souffre de surcroît d'une mauvaise sonorisation, n'est pas très bien reçu par la critique. *Edgar Rice Burroughs* ne cache pas sa déception. *Herman Brix*, lui, regarde la situation avec beaucoup de lucidité. Il décide de m'oublier, moi *Tarzan*, seigneur de la jungle et de renoncer à m'incarner. Il va même se faire appeler désormais *Bruce Benett.* Et c'est sous ce pseudonyme qu'il peut entamer une nouvelle carrière, de seconds rôles, certes, mais dans de grands classiques comme *Sahara*, *Les Passagers de la nuit* ou *Le Trésor de la Sierra Madre* avec, pour compagnon de tournage, un certain *Humphrey Bogart*.

Herman Brix a sans doute fait preuve de sagesse. Car à la sortie des *Nouvelles Aventures de Tarzan*, la *MGM*, qui détient le quasi-monopole de la distribution des films aux États-Unis, fait en sorte d'en interdire la projection dans ses grandes salles, ce qui le relègue aux cinémas de quartiers !

La loi de la jungle cinématographique est parfois plus cruelle que celle de la jungle où je suis né…

Champion olympique du décathlon à Berlin en 1936, Glenn Morris (salué ici par Edgar Rice Burroughs) est choisi pour devenir le neuvième homme-singe du cinéma dans *La revanche de Tarzan*. Mais ce grand gaillard de deux mètres n'a pas vraiment le physique de l'emploi.

P. 154-155 Glenn Morris avait parfaitement conscience qu'il avait été choisi pour incarner Tarzan grâce à ses exploits sportifs. Il sait aussi que le scénario du film *La revanche de Tarzan* est faible. Il ne fera pas oublier Johnny Weissmuller. Mais il dira avoir pris du plaisir à tourner… et à jouer avec Cheeta.

GLENN MORRIS

Le décathlonien et la commère

Quand je voyage par le chemin des arbres, cette route aérienne que m'ont enseignée jadis mes frères nourriciers, les grands anthropoïdes de la jungle équatoriale, quand je m'éloigne ainsi de mes amis de la tribu des *Waziri* alors qu'ils ont besoin de me transmettre un message urgent à distance, ceux-ci frappent, comme tous les peuples de la jungle africaine, sur leur *dum-dum*, le tam-tam en peau de bête qui permet de se parler de loin. Le *dum-dum* ne ment jamais. Avec l'aide de *Usha*, le vent, il transporte toujours les nouvelles sans les transformer ni les amplifier.

À Hollywood, en 1938, c'est une autre forme de *dum-dum* qui dicte sa loi à la jungle cinématographique. Il diffuse les informations les plus mensongères, trahit les secrets les plus intimes, fait courir dans les studios les commérages les plus fantaisistes et se complaît à répandre les rumeurs les plus calomnieuses. La grande prêtresse de ce déballage qui fait trembler le monde du cinéma s'appelle *Hedda Hopper*, une actrice qui n'a plus beaucoup de succès et qui s'est reconvertie dans le journalisme à potins. Ses chroniques régulières à la radio et dans les colonnes du *Los Angeles Times* sont redoutées et peuvent faire ou défaire une réputation.
Sol Lesser, le producteur, ne l'ignore pas. Il se trouve dans l'obligation de lui donner un rôle dans le nouveau film qu'il projette de tourner pour le compte de la *Century Fox*, avec l'arrière-pensée, toujours, d'endiguer le succès rencontré dans les salles de la *MGM* par *Johnny Weissmuller*. *Hedda Hopper* a 53 ans, mais elle jouera le rôle de la mère de *Jane*, qui s'appellera d'ailleurs *Eleanor*, prénom de la vedette retenue, *Eleanor Holm*, pour incarner ma compagne. *Eleanor Holm* est une nageuse connue, elle est belle et le film, en réalité, a été taillé sur mesure pour elle. Elle a obtenu une médaille d'or sur 100 mètres dos aux Jeux olympiques de 1932, a battu un record du monde en 1935, et si elle n'a pas été sélectionnée pour les Jeux de Berlin en 1936, c'est parce qu'elle a défrayé la chronique en abusant du champagne !

Reste à dénicher celui qui doit incarner mon personnage pour la neuvième fois dans ce film intitulé *La Revanche de Tarzan*. Les critères de choix ne varient guère : le sportif en vue du moment est un grand gaillard de deux mètres âgé de 26 ans, *Glenn Morris*, qui a été champion olympique aux Jeux de Berlin en 1936. Et au décathlon s'il vous plaît, cette discipline combinée réservée aux athlètes complets qui se déroule sur deux jours et en dix épreuves. Son histoire enthousiasme le public américain.

Le décathlonien Glenn Morris, qui savait fort bien projeter sa lance façon javelot, souffrait cependant d'une musculature trop longiligne.

Il est né en 1912 dans le ranch du Colorado que possédait son père et, de santé fragile, il a surmonté ses ennuis en menant la rude vie de cow-boy puis en s'entraînant ferme aux disciplines athlétiques après s'être juré d'imiter les exploits de son compatriote *Jim Bausch*, champion olympique du décathlon en 1932 à Los Angeles.

Hedda Hopper, la commère de Hollywood, est-elle pour quelque chose dans le choix de *Glenn Morris* ? En tout cas, cet athlète plus longiligne que musclé, dont il est pourtant apparent qu'il ne conviendra pas physiquement au rôle, n'a pas dû lui déplaire, car, à Berlin, l'homme a quelque peu fait parler de lui en dehors de ses exploits sportifs. Durant les Jeux, il a eu une liaison avec *Leni Riefenstahl*, documentariste attitrée de Hitler, chargée de filmer les épreuves en les présentant comme une vitrine du nazisme. Et lorsque *Glenn Morris*, qui attend le décompte de ses points au terme de l'épuisant 1 500 mètres final, est proclamé vainqueur, le futur *Tarzan* se précipite sur sa petite amie du moment, lui ouvre le corsage et l'embrasse sur les seins !
À son retour, l'Amérique lui fait un véritable triomphe. L'État du Colorado décrète même un jour *Glenn Morris* le 9 septembre 1936. Mais, l'année suivante, quand les communicants de la *Century Fox* croient bon de le présenter au *Hollywood Legion Stadium*, un des temples de la boxe américaine, comme le nouveau *Tarzan* du cinéma, les choses se gâtent. Dans la foule, une certaine *Lupe Velez*, qui est la compagne du moment de *Johnny Weissmuller*, se lève et de sa voix forte et rauque d'Espagnole capiteuse s'écrie : « C'est faux, il n'y a qu'un seul *Tarzan* et c'est mon Johnny ! » Les rires fusent. *Glenn Morris* rougit comme un écolier.

TARZAN
REVENG
STARRING
GLENN MORRIS
ELEANOR HOLM

Tourné en studio avec de petits moyens, *La Revanche de Tarzan* n'aura pas laissé un grand souvenir. Eleanor Holm, la championne de natation, y évolue dans une tenue aussi blanche que son maillot de compétition !

EDGAR RICE BURROUGHS'
TARZAN'S
REVENGE
STARRING
GLENN MORRIS ELEANOR HOLM
GEORGE BARBIER
C. HENRY GORDON
HEDDA HOPPER
Exchange
Made in U. S. A.

P. 160-163
La tenue de Eleanor Holm pouvait aussi être rose ! Enlevée dans la jungle alors qu'elle participait à un safari organisé par de riches voyageurs, elle sera sauvée par Tarzan des mains d'un nabab fortuné qui veut en faire la 101e femme de son harem !

P. 164-165
Séance de dum-dum, autrement dit de tam-tam, dans un village indigène. C'est ainsi que les amis Waziri de Tarzan le prévenaient d'un danger imminent dans la jungle.

Le film se tourne dans la foulée. Mais en studio et avec de petits moyens. L'histoire est d'ailleurs assez pauvre, et je ne suis pas sûr que *Edgar Rice Burroughs*, qui se complaisait plutôt dans les mondes imaginaires de peuplades ignorées, aurait écrit un tel scénario : de riches voyageurs qui se sont offert un safari et qui comptent bien chasser pour leur plaisir tombent aux mains d'un nabab fortuné, dont le harem comprend déjà cent femmes. Il fait enlever *Jane*, ou plutôt *Eleanor*, dont il convoite qu'elle soit la cent unième. *Tarzan* la délivre, bien entendu.
Eleanor Holm est très belle dans son costume de bain une pièce d'une blancheur immaculée. Mais elle ne sauve pas le film, pas plus que la silhouette un peu dégingandée de *Glenn Morris*, qui ne tournera plus.

Une fois encore, *Sol Lesser* a échoué dans sa tentative de faire oublier *Johnny Weissmuller*, qui démarre son quatrième film, *Tarzan trouve un fils*. Son duo avec *Maureen O'Sullivan* a toujours les faveurs du public qui ne réalise pas forcément qu'en me montrant sous le jour d'un bon géant un peu niais qui ne s'exprime pas couramment, le cinéma donne de moi, le seigneur de la jungle, une image qui n'est pas conforme à la réalité des livres. Et *Edgar Rice Burroughs* aura beau déclarer plus tard que parmi les dix acteurs qui m'ont incarné jusqu'ici, son préféré est *Herman Brix* – il l'avait choisi lui-même, il est vrai –, je me demande, à ce moment de mon histoire revisitée par le cinéma, en 1938 donc, si l'authentique *Tarzan* n'est pas à venir...

Dans *Tarzan et la diablesse*, Lex Barker n'a pas trop de son arc pour lutter contre l'abominable Lyra et son compagnon Fidel.

LEX BARKER

Dans les brumes du mont Kenya

Je devais avoir une dizaine d'années quand j'ai pris conscience de mon corps et surtout de ma nudité. Jusqu'ici, je ne m'étais pas posé de questions. Protégé par *Kala*, ma guenon nourricière, je vivais insouciant dans ma famille d'anthropoïdes sans trop m'apercevoir que ma peau était blanche bien que très bronzée et que la leur était recouverte de poils. Sur le plateau fréquenté par ma tribu, il y avait un petit lac : c'est dans le miroir de son eau paisible que je me vis pour la première fois. Non seulement, j'ai alors brutalement réalisé que le visage du cousin qui m'accompagnait possédait un gros mufle, une petite fente en guise de bouche, des lèvres charnues et des dents minuscules alors que le mien était beaucoup plus fin, mais j'ai surtout senti poindre en moi le désir de cacher ma nudité sous des vêtements dont j'avais appris l'existence dans les livres d'images de ma cabane natale.

Le vêtement devait être une marque de supériorité sur mes cousins anthropoïdes. Et c'est peu de temps après avoir tenté de me fabriquer un manteau avec la peau de *Sabor* mais qui avait séché au soleil au point de devenir raide comme du bois, que j'ai dérobé le pagne d'un guerrier noir, « désireux de marquer mon évolution au-dessus des classes inférieures et rien ne me paraissant plus digne de l'homme que les ornements et les vêtements », comme l'écrivait l'auteur qui m'a créé, *Edgar Rice Burroughs*. Plus tard, quand je suis entré dans la civilisation pour l'amour de Jane, j'ai compris que le vêtement comptait beaucoup pour l'homme, qu'il le protégeait de la pluie et du froid qui ne nous incommodent guère dans la jungle, mais qu'il pouvait devenir chez lui un objet de conflit selon qu'il couvrait plus ou moins le corps, ce que ne peuvent évidemment comprendre mes cousins anthropoïdes.

À Hollywood, en 1948, le vêtement est effectivement devenu, depuis plusieurs années, une source de conflits. Plusieurs affaires de moralité ont secoué la capitale du cinéma entre les années 1920 et 1930. Une commission de censure, dite « code Hayes » du nom du sénateur qui le mit en place, imposait désormais un certificat de bonnes mœurs à toute personne paraissant à l'écran et donnait aux scénaristes une liste de sujets et de thèmes à éviter. En 1932, le film *Tarzan l'homme-singe* a éveillé l'attention des membres du « code Hayes » car le costume deux-pièces de *Maureen O'Sullivan* montrait un peu trop sa chair.

Elmo Lincoln, le premier Tarzan du cinéma, tenait un rôle secondaire dans *Tarzan et la fontaine magique*. Belle occasion pour poser ici aux côtés de Lex Barker.

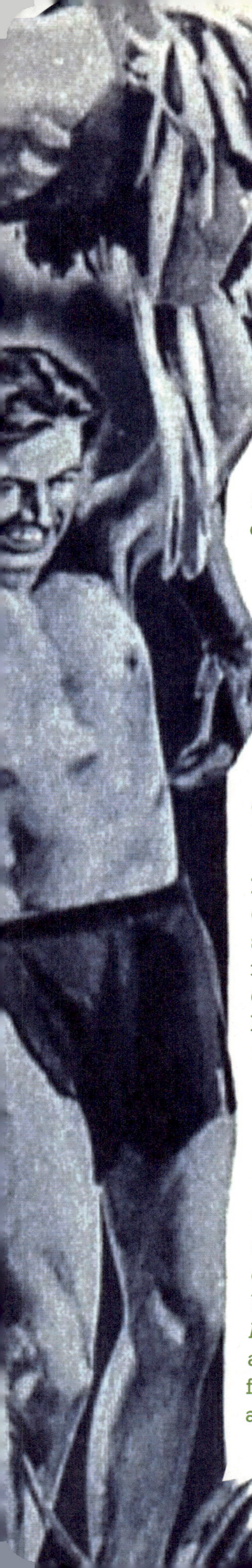

Tarzan doit sauver les (belles) esclaves prisonnières des Lioniens qui veulent les utiliser pour repeupler leur civilisation décimée par la maladie.

P. 172-173 Cinq Jane en cinq films : Lex Barker changea de partenaire féminine à chaque tournage. À l'image de sa vie personnelle, puisqu'il eut cinq femmes à la ville, dont Lana Turner.

Et pour une scène aquatique restée fameuse de *Tarzan et sa compagne*, sorti en 1934, les producteurs de la *MGM* ont dû soumettre aux censeurs trois versions : *Jane* nageant nue, *Jane* sans soutien-gorge ou *Jane* évoluant en deux-pièces. C'est évidemment la troisième version qui fut choisie et ce sera désormais la règle : le costume de ma compagne au cinéma sera d'un seul tenant et plus long, même quand, à partir de 1945 et pour cinq films, elle sera remplacée par *Brenda Joyce*.

L'air de rien, mon pagne s'allongera lui aussi, se doublera même, deux pièces de toile flottantes plus larges recouvrant le slip de bain classique du nageur, jugé trop restrictif ! Les esprits sont marqués à ce point qu'on sait à quelles extrémités cela conduit les gens de cinéma : en 1939, dans *Tarzan trouve un fils*, ils me confient un bébé rescapé d'une chute d'avion parce qu'il ne serait pas décent, comme cela est écrit dans l'œuvre de *Edgar Rice Burroughs*, que *Jane* et moi puissions concevoir un enfant le plus naturellement du monde !
Les esprits sont encore marqués en 1950, quand *Lex Barker*, qui a été choisi pour m'incarner à l'écran après le départ de *Johnny Weissmuller*, débarque en Afrique où la *RKO*, qui a pris le relais de la *MGM*, a décidé de faire coup double : réaliser un film dans la jungle et en couleurs. Le dixième acteur qui joue mon personnage à l'écran a pourtant déjà tourné deux films en studio – *Tarzan et la fontaine magique* et *Tarzan et la belle esclave*. C'est un solide gaillard plus grand et plus lourd que son prédécesseur (1,93 mètre et 92 kilos), ravi que le scénario lui donne l'occasion de parler presque normalement et non plus à la manière d'un bon géant à la parole limitée. Mais, alors que la censure se desserre, il est gêné parce qu'on lui autorise le port d'un pagne un peu plus court !

Bonne idée que d'aller tourner pour la troisième fois en Afrique avec *Lex Barker* dans le rôle-titre. D'autant que l'endroit choisi, au pied du mont Kenya, est proche de celui où, dans les livres de *Edgar Rice Burroughs*, j'ai fini par installer la *Plantation Greystoke*, grande ferme où je vis avec *Jane* sous la protection des *Waziri*, sur la côte Est, à l'opposé de ma cabane natale. Mais l'équipe de la *RKO* connaît mal le continent africain, encore moins son climat. Elle arrive sur place en juillet 1950 ; c'est l'hiver sous l'équateur. À cette époque de l'année, les nuages sont si persistants que *Lex Barker* en perd son bronzage et qu'il faut le remaquiller constamment. Même les chimpanzés, frigorifiés, refusent de travailler !
On doit supprimer *Cheeta* du scénario. La moitié des prises de vues en couleurs ne peut être exploitée en raison du mauvais temps.

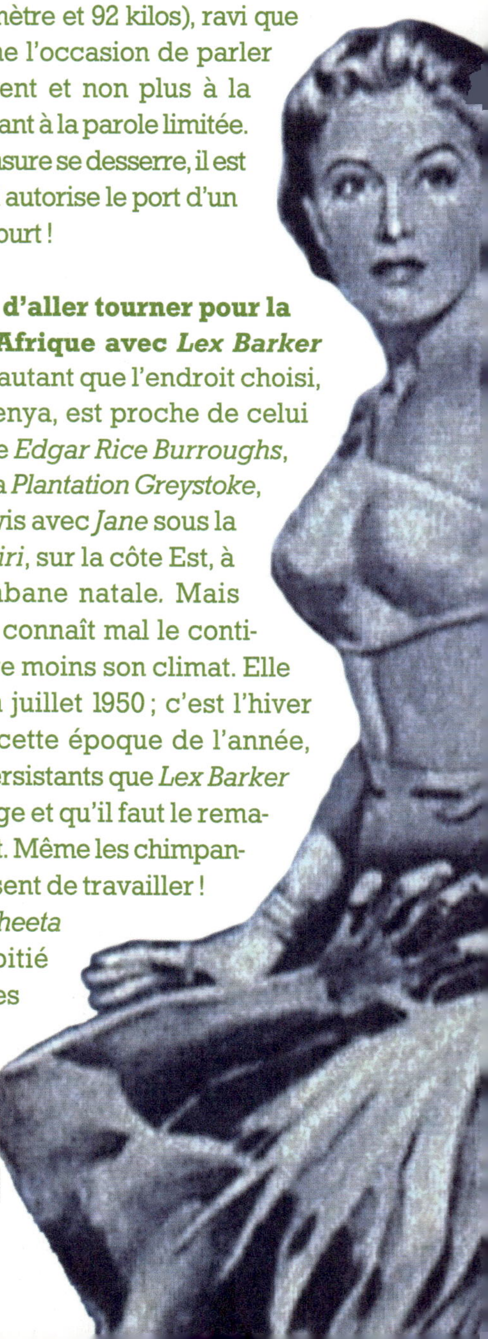

Edgar Rice Burroughs'
TARZAN'S SAVAGE FURY
starring LEX BARKER
DOROTHY HART
PATRIC KNOWLES
CHARLES KORVIN
and introducing
TOMMY CARLTON
THIS YEAR'S ALL-NEW TARZAN THRILLER!
Distributed by
R K O
RADIO

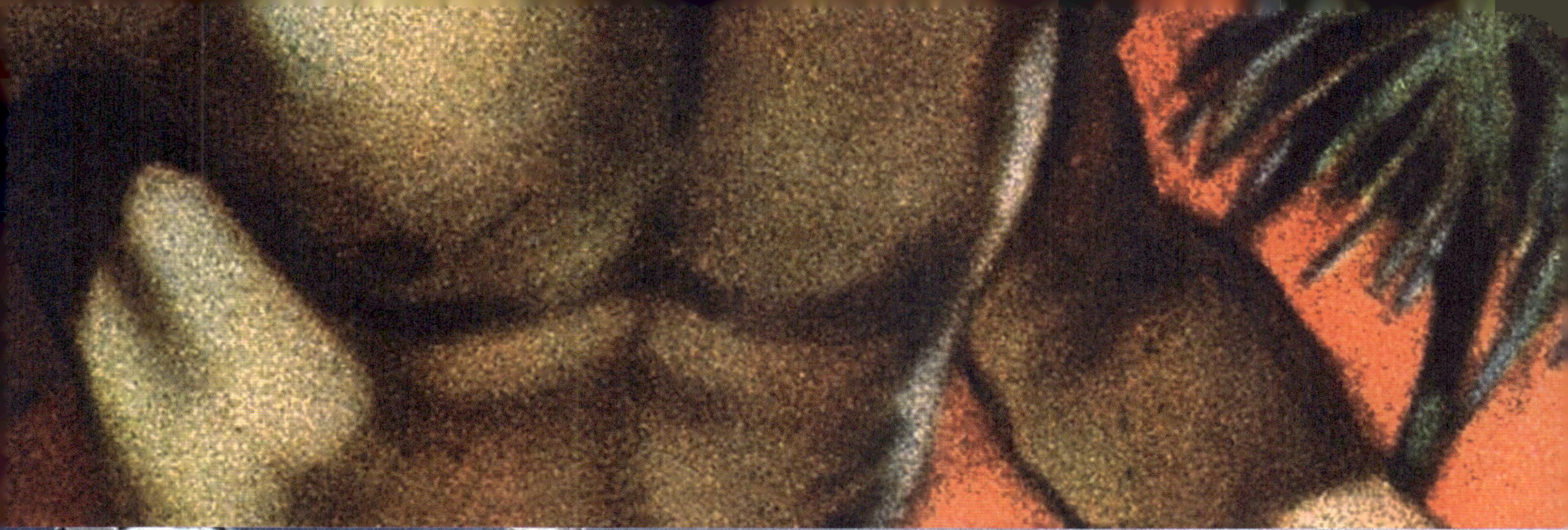

EDGAR RICE BURROUGHS'
RZAN'S PERIL
Distribute
by
R K O
RADIO
STARRING
LEX BARKER and VIRGINIA HUSTON

Une aviatrice (Evelyne Ankers) émerge de la jungle, toujours très jeune alors qu'elle s'y est égarée depuis de longues années. Cela grâce à une fontaine magique qui éveille évidemment les convoitises.

P. 176-177
Lex Barker doit veiller. Dans *Tarzan et la reine de la jungle*, il soupçonne que des trafiquants sans scrupules échangent des armes contre des diamants avec les indigènes de la tribu Yorango.

Lex Barker a du mal à entrer dans le jeu : la première fois qu'il apparaît en pagne devant les indigènes, qui, traditionnellement, s'enveloppent plutôt dans de grandes pièces de tissu aux couleurs éclatantes, il provoque une hilarité générale.

Intitulé *Tarzan et la reine de la jungle*, le film sort néanmoins en mars 1951 – mais en noir et blanc – et connaît un honorable succès, sans plus. *Lex Barker* est plutôt bien perçu, mais il n'est tout de même pas parvenu à détrôner *Johnny Weissmuller*. Et puis le public est un peu désorienté par la succession des actrices qui incarnent *Jane* : *Brenda Joyce* a tourné cinq films, quatre avec *Johnny Weissmuller*, un avec *Lex Barker*. Elle est presque parvenue à faire oublier *Maureen O'Sullivan*, quand elle décide d'arrêter pour passer plus de temps avec ses enfants. Lui succède alors *Vanessa Brown* (pour *Tarzan et la belle esclave*), mais elle se fait voler la vedette par une actrice nommée *Denise Darcel*, infirmière dans le film, qui se fait remarquer dans un sarong très suggestif au point de poser ensuite dans des magazines pour hommes sur la jambe de *Lex Barker !* Événement presque identique dans *Tarzan et la reine de la jungle* : la nouvelle *Jane* s'appelle *Virginia Huston*, mais c'est plutôt *Dorothy Dandridge*, impressionnante dans son rôle de reine indigène, que l'on remarque, avant, il est vrai, qu'elle ne devienne une des étoiles de la comédie musicale de Broadway, dans *Porgy and Bess* notamment. Et la valse des actrices qui incarnent ma compagne à l'écran continue : *Dorothy Hart* dans *Tarzan défenseur de la jungle*, *Joyce MacKenzie* dans *Tarzan et la diablesse*, deux films qui ne laissent pas un souvenir impérissable même si le premier fait allusion à mon père *Lord Greystoke* et si le second me déniche un deuxième fils de cinéma nommé *Joey*, adoptif cette fois.

Lex Barker se lasse-t-il des *Jane* à répétition ? (Les chroniqueurs de l'époque ironisaient en disant qu'il devait avoir l'habitude puisqu'il avait eu aussi cinq femmes à la ville, dont *Lana Turner*). Ou de mon personnage dont il prétend pourtant qu'il l'a fait rêver enfant ? – il est né en 1919, quand *Elmo Lincoln* venait tout juste de tourner les deux premiers muets. En 1950, il annonce en tout cas qu'il renonce à m'incarner et part en Europe où il se reconvertit joliment dans le western en Allemagne au point d'obtenir dans ce pays, en 1966, un prix du meilleur acteur étranger. Dans l'année où, peu de temps avant sa mort, mon auteur de père *Edgar Rice Burroughs*, ou plutôt la société qu'il a créée pour exploiter mon nom, reconduit les droits de ses écrits à *Sol Lesser*, pour une durée vingt ans. Le producteur devra trouver très vite, pour raconter mes exploits de seigneur de la jungle, un onzième *Tarzan* de cinéma.

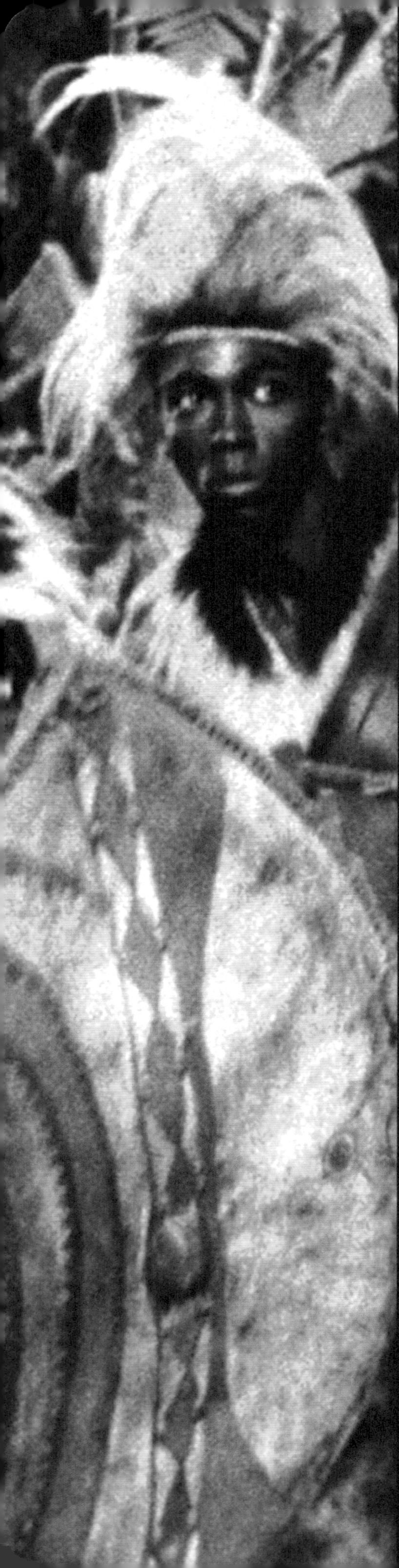

Objets cultes

Du tablier de cuisine au billard électrique

De 1920 à 1970, la ferveur manifestée pour le personnage de *Tarzan* fut telle que les aventures de l'homme-singe débordèrent largement du cadre cinématographique pour s'exprimer de mille et une manières, sous les formes artistiques les plus variées. La bande dessinée, apparue aux États-Unis en 1929, ne fut pas la seule, loin s'en faut, à exploiter la popularité du héros créé par *Edgar Rice Burroughs*. Déjà, en 1922, le magazine *Ciné-miroir* publiait en France *Les Dernières Aventures de Tarzan* sous forme de photos-romans, exemple suivi en 1938 par la *Société parisienne d'édition* et en 1960 et 1961 par *Edisirio*, éditeur milanais qui devait proposer, sous le titre *Jungle Film*, une collection mensuelle dans laquelle *Tarzan* était curieusement rebaptisé *Antar*.

Statuettes et figurines de toutes dimensions ou tablier de cuisine avec une planche dessinée par Hogarth. Jusqu'en 1970, Tarzan aura été magnifié sous les formes les plus diverses.

Tarzan
by Edgar Rice Burroughs
SCREAMING WITH RAGE THE APE-MEN CHASED TARZAN, LEAPING FROM BRANCH TO BRANCH, BUT HE WAS TOO FAST FOR THEM
THEY GAVE CHASE FOR A WHILE BUT COULDN'T KEEP UP WITH HIM
LATER TARZAN FOUND A PLACE TO SPEND THE NIGHT
NEXT DAY TARZAN WAS HUNTING AND CAME ACROSS NUMA'S TRAIL
SOON TARZAN SPOTTED NUMA ADVANCING TOWARDS AN APE-MAN WHO LOOKED PARALYZED WITH TERROR
TARZAN LEAPED AND CAUGHT THE LION BY THE MANE JUST IN TIME TO SAVE THE POOR APE-MAN FROM CERTAIN DEATH
HOGARTH

TARZAN
AURORA
ALL-PLASTIC ASSEMBLY KIT
EDGAR RICE BURROUGHS
Tarzan

On se souvient qu'en 1921, déjà, à l'occasion de la sortie aux États-Unis du film *Le Fils de Tarzan*, dont *Perce Dempsey Tabler* était la vedette, une chanson (hélas non enregistrée) intitulée *Tarzan My Jungle King* était diffusée dans les salles de spectacle et reprise en chœur par tout le public. Dans les années qui suivirent, de nombreux pays entreprirent de commercialiser des disques vinyles, 78, 33 et 45 tours, qui narraient les aventures de *Tarzan* avec le soutien d'arrangements musicaux et de chansons d'une plus ou moins grande qualité. Aux États-Unis, *Decca*, *Columbia* et *MGM-Records* devaient se tailler la part du lion. En France, *Pathé-Marconi* connaissait un réel succès en 1970 avec une collection de sept disques 33 tours intitulés : *L'Enfance de Tarzan*, *La Fiancée de Tarzan*, *Tarzan et les mangeurs d'hommes*, *Le Fils de Tarzan*, *Tarzan seigneur de la jungle*, *Tarzan n'est pas seul*, *Tarzan découvre un autre monde* (de véritables pièces de collection que l'on peut encore trouver d'occasion). Les adaptations et les dialogues sont signés de *Jacques Lanzmann*, *Jean-Claude Lattès*, *Henri Gruel* et

Des boîtes de jeux en kit permettaient de reconstituer la jungle de Tarzan. Des montres à l'effigie de l'homme-singe ont même connu, en leur temps, un réel succès.

Lawrence Riesner, la musique a été composée par *Gérard Calvi*, *Philippe Combelle* et *François Rauber*, et l'on reconnaît, entre autres, les voix de *Philippe Léotard* et de *Pierre Tchernia*.
C'est également en 1921 que fut donnée, au théâtre Broadhurst de New York, la première représentation d'une pièce en 4 actes et 10 tableaux qui raconte l'enfance et la vie d'homme de *Tarzan* dans laquelle le rôle du seigneur de la jungle était tenu par trois acteurs, un enfant, un adolescent et un adulte.
On se souvient d'ailleurs qu'en 1932, *Edgar Rice Burroughs* en personne avait écrit, sous le titre *Tarzan of the Apes*, un feuilleton radiophonique en 286 épisodes de 15 minutes chacun. Son gendre, *James Pierce*, le quatrième homme-singe du cinéma, qui n'avait tourné qu'un seul film, *Tarzan et le lion d'or* en 1927, prêtait sa voix à ce dernier, tandis que son épouse, *Joan Burroughs*, donnait la sienne à *Jane*.
À la fin octobre 1933, le Cirque d'hiver de Paris présentait un spectacle intitulé *Tarzan*, en provenance d'Allemagne où il avait obtenu un vif succès, et qui se déroulait à l'occasion de l'inauguration d'une piscine de 4,20 mètres de profondeur surmontée

Vous avez surmonté la première épreuve. Tarzan va-t-il vous délivrer ? À la manière d'un jeu de l'oie, les 7-14 ans se sont vu proposer de vivre les aventures de l'homme-singe et d'en courir tous les dangers.

d'un plateau mobile de 20 tonnes dont *Mistinguett* en personne avait accepté d'être la marraine. Comme outre-Rhin, ce serait une pantomime. Hélas ! Mis en scène trop rapidement par un Allemand qui méconnaissait notre langue et qui ne put faire venir avec lui tous les acteurs de la version originale, l'entreprise fut un échec cuisant et dura le temps d'une seule représentation !

À l'inverse, en 1950 aux États-Unis, le maître de ballet *Yvan Kirov* devait connaître le succès en réalisant, dans un décor de jungle, une sorte de grand ballet intitulé *Retour à la nature*, où il tenait lui-même le rôle de *Tarzan*, et dans lequel *Marjorie Pragon*, chantant et dansant, jouait le rôle de *Jane*.

À Boston encore, en avril 1965, *Carl Menotti* monta un opéra-bouffe intitulé *The Last Savage*, qui fut ensuite donné dans tous les États-Unis et dans lequel se produisait le baryton *George London*.

On pourrait multiplier les exemples. D'autant que, parallèlement au succès de ces spectacles différents à la gloire de *Tarzan*, se développait un marché florissant d'objets publicitaires et commerciaux, créés de toutes pièces à l'effigie de l'homme-singe.

MB
JEUX
Tarzan
Le Roi de la Jungle
7-14 ans
2-4 Joueurs
dangereuse pour
les hardis
explorateurs
Un trésor fabuleux est
caché au fond de la
vallée, de l'autre côte de
CASSE-TÊTE
FULLY INTERLOCKING
AGES 3 AND UP
1975 by Edgar Rice Burroughs, Inc.
Tarzan
RIVER DANGER
Tarzan
70 PIECE
JIGSAW PUZZLE
14" x 10"
FULLY INTERLOCKING
JUNGLE ATTACK
Tarzan
70 PIECE

On vit notamment apparaître des statuettes et des figurines, représentant non seulement *Tarzan* mais aussi tous les personnages et les animaux qui l'entourent dans la jungle, grâce auxquelles on pouvait reconstituer toutes ses aventures, à la manière dont on aimait, à l'époque, revivre les grandes batailles de l'histoire avec des soldats de plomb. La silhouette du héros inventé par *Edgar Rice Burroughs* et popularisé par le cinéma apparaissait partout : sur des vignettes que les enfants devaient coller dans des albums, sur des boîtes de friandises contenant des œufs en sucre, sur des cartes postales de collection et dans des tablettes de chocolat, plus près de nous sur des maillots que l'on n'appelait pas encore tee-shirts et sur des cartes téléphoniques. Alors qu'une marque d'essence utilisait l'image de *Tarzan* pour affirmer que son produit donnait aux moteurs l'énergie de l'homme-singe, on émettait des séries de timbres à son effigie. De nombreux coffrets destinés à s'amuser en société furent créés, sortes de jeux de l'oie ou de jeux de pistes se déroulant évidemment dans la jungle et inspirés des aventures de son seigneur et maître.

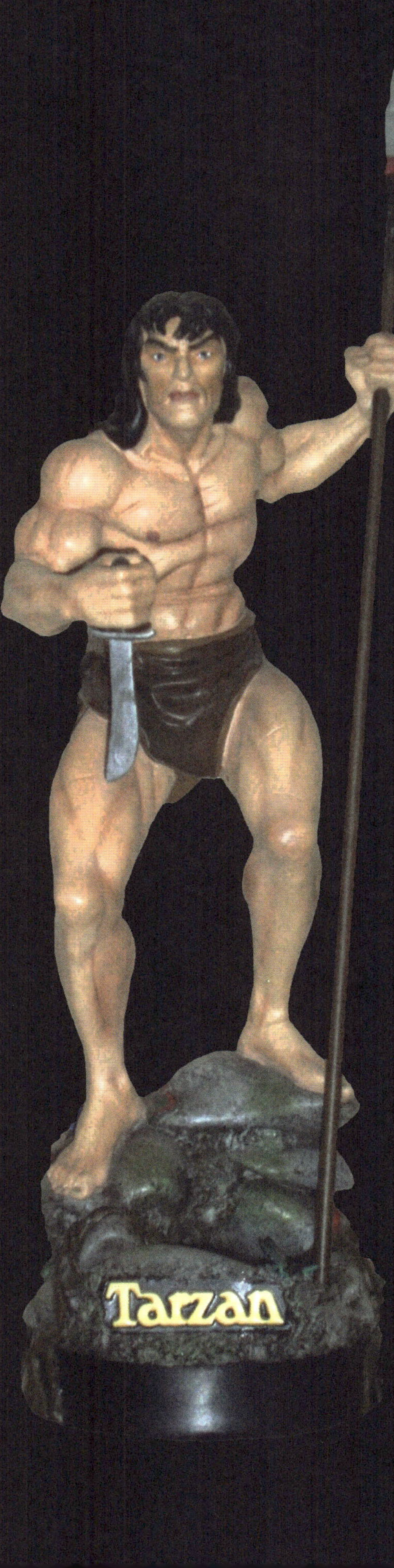

70 pièces de puzzle pour planter le décor de la jungle de Tarzan et de ses paysages peuplés d'animaux menaçants. L'univers foisonnant et dangereux de l'homme-singe se mérite dès l'âge de 3 ans.

En 1970, la firme Pathé-Marconi propose une série de 7 disques 33 tours dédiés à Tarzan. Les dialogues sont dus notamment à Jean-Claude Lattès et à Jacques Lanzmann, la musique à Gérard Calvi. Le récitant n'est autre que Pierre Tchernia.

volume n° 5
Tarzan
le seigneur de la jungle
062-11555
EMI
Pathé

En France, il n'était pas rare de voir des hommes porter une cravate représentant *Tarzan* alors que des maîtresses de maison s'affichaient volontiers avec un tablier de cuisine à son image. Aux États-Unis, c'est surtout sur les boucles de ceinture que l'on arborait fièrement la silhouette de l'homme-singe. *Francis Martin*, grand collectionneur d'objets cultes dédiés au seigneur de la jungle, nous a même montré, dans le sous-sol de sa maison normande, un billard électrique dont le panneau frontal sur lequel s'affichent les scores représente, sous la forme d'un dessin de facture humoristique, *Tarzan* et *Jane* entourés de leurs animaux familiers.
Aujourd'hui, la vogue n'est plus à ces objets, ces images ou ces jeux divers qui ne circulent plus guère qu'entre collectionneurs, par l'intermédiaire d'Internet notamment. Le mythe de *Tarzan* demeure cependant à travers un accessoire issu de la technologie moderne : le téléphone portable. On peut en effet y télécharger, en guise de sonnerie, le fameux cri de *Tarzan*. Mais autant vous prévenir tout de suite : le résultat sonore n'est pas toujours très harmonieux…

Francis Martin, grand collectionneur « tarzanophile », ne porte pas la cravate à l'effigie de l'homme-singe, qu'il se contente de montrer. Mais il joue parfois au billard électrique dont les scores s'affichent sur fond de Tarzan et Jane.

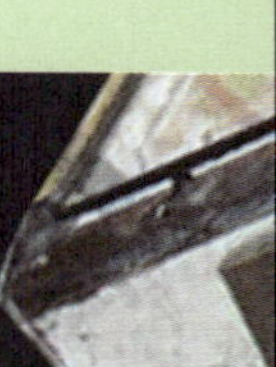

WILD LIFE
1-2 PLAYERS
TARZAN'S MAGIC FOUNTAIN

TARZAN
LE MAGNIFIQUE
TECHNICOLOR®
avec
GORDON SCOTT · JOCK MAHONEY · BETTA ST. JOHN · GARY COCKRELL
Production de SY WEINTRAUB · Réalisation de ROBERT DAY
Scénario de BERNE GILER et ROBERT DAY d'après les personnages créés par EDGAR RICE BURROUGHS
Une Production WEINTRAUB - HARVEY HAYUTIN
Distribué par Paramount
Films Paramount

Le cinquième et dernier film de Gordon Scott aura été l'un des meilleurs « Tarzan » produits par le cinéma américain. Même si l'intrigue n'a pas grand-chose à voir avec le livre du même nom, *Tarzan le magnifique*.

GORDON SCOTT

Du pagne au péplum

« Un carquois, un court javelot et un rouleau de corde souple pendaient à ses épaules. Le couteau de chasse de son père se balançait sur sa hanche. Petit et peu encombrant, l'arc de l'homme-singe était néanmoins assez puissant pour transpercer de ses flèches les peaux les plus épaisses… »

Ce type de phrase revenait souvent dans les livres de *Edgar Rice Burroughs*, l'homme qui m'a fait naître et vivre au fil de ses pages. La jungle est un monde redoutable, où tous les sens doivent toujours être en éveil. La vue bien sûr, mais plus encore l'ouïe afin de percevoir les sons que transporte de loin *Usha* le vent, et l'odorat qui doit analyser à distance le moindre effluve inquiétant. Il en va de la survie de tous ses habitants, hommes ou animaux.
Dans un univers si cruel, et si souvent décrit comme tel par *Edgar Rice Burroughs*, il est bien évident qu'un poignard ne saurait suffire à se défendre. Pourquoi le cinéma a-t-il si délibérément balayé cette règle primordiale ? Pourquoi, en douze films tournés entre 1932 et 1942, *Johnny Weissmuller* combat-il uniquement avec un couteau dans des séquences où seuls les guerriers noirs qu'il affronte utilisent, eux, des arcs et des lances ? Il faudra attendre l'arrivée du dizième *Tarzan* de cinéma, Lex Barker et, surtout, de son successeur en 1955, pour que, dans quelques séquences, l'acteur choisi pour m'incarner transperce et un ennemi et une antilope d'une flèche bien ajustée.

Ce successeur s'appelle *Gordon Scott*. Il est né en 1926 à Portland et, après avoir suivi un trimestre en éducation physique à l'université de l'Oregon, il participe, de 1944 à 1945, à la Seconde Guerre mondiale où il se spécialise notamment dans le

Gordon Scott avait parié avec les guerriers Wakomba qu'il rattraperait une girafe à la course et qu'il la chevaucherait pendant plusieurs minutes. Pari gagné !

P. 194-195 Tourné en cinémascope et en eastmancolor à Londres et au Kenya, le film *La Plus Grande Aventure de Tarzan* est, lui aussi, considéré comme une bonne version. Aux prises avec un méchant Blanc qui se grime en Noir, Gordon Scott (ici avec Sarah Shane) réussira à le confondre.

judo et dans le combat à mains nues. Il mesure près de deux mètres, il pèse plus de 100 kilos et son tour de biceps atteint 51 cm. Rien d'étonnant à ce que l'armée l'affecte au transport de prisonniers dangereux ! De retour à la vie civile, il met à profit sa carrure athlétique pour se faire engager dans des métiers qui réclament de la force physique : pompier d'abord, puis cow-boy et enfin garde du corps dans un hôtel de Las Vegas. C'est là qu'il est remarqué par deux agents de Hollywood qui le présentent à *Sol Lesser*. Le rusé producteur lui fait aussitôt subir un test très sportif, courir, grimper aux arbres, se balancer au bout de lianes et plonger, au terme duquel il lui propose un contrat de sept ans. Le premier film, *Tarzan chez les Soukoulous*, sorti en 1955, n'est pas une réussite. Pas de *Jane* dans la distribution. *Gordon Scott* y découvre néanmoins une jolie baigneuse nue incarnée par l'actrice *Vera Miles*, qu'il épousera quelques mois plus tard.

La *RKO* passe alors le relais à la *MGM* que la nostalgie de l'ère *Weissmuller* pousse à accepter une nouvelle proposition de *Sol Lesser* : faire appel à *Bruce Humberstone*, metteur en scène confirmé qui se prévaut de quelques œuvres picaresques dont *Dix Hommes à abattre* ou *Charlie Chan à l'Opéra* pour réaliser un film ambitieux en couleurs et en Afrique, près des chutes de Murchison, à la frontière de l'Ouganda et du Kenya, ainsi que dans la région du Tanganyika et du Congo belge.

Ce n'est pas du cinéma : sous le regard de Eve Brent, Gordon Scott faillit être étouffé par un python pendant le tournage du film *Le Combat mortel de Tarzan.*

P. 198-199 Tourné en Ouganda, au Kilimandjaro et à la frontière Kenya-Tanganyika, *Tarzan et le safari perdu* bénéficie du concours de quatorze tribus différentes ! Tarzan, avec l'aide de Cheeta qu'il envoie incendier un village oparien, sauve du sacrifice auquel ils étaient condamnés les passagers d'un avion accidenté dans la jungle.

Là, les animaux sauvages ne manquent pas et quatorze tribus constituent les populations locales. *Gordon Scott* se sent d'autant plus à l'aise qu'après deux jours de tournage les indigènes le surnomment respectueusement *Mtu ule na panda miti mineju*, ce qui signifie « le guerrier qui grimpe aux arbres ». Il les impressionne en battant un géant *Wakomba* au jet de lance et, surtout, en rattrapant une girafe à la course pour la chevaucher pendant cinq minutes ! Son audace et son impétuosité lui vaudront aussi quelques déboires : trente-deux points de suture à la suite du coup de griffe d'un lion de cinq cents livres dont il croyait, après un mois de travail en commun, s'être fait un ami ; et une grande frayeur quand il ne fallut pas moins de six hommes pour le délivrer de l'étreinte d'un énorme python dans *Le Combat mortel de Tarzan* !

Le film est intitulé *Tarzan et le safari perdu*. Succès honorable, sans plus. Est-ce parce que mon personnage, homme-singe dans la jungle et *John Clayton* de la lignée anglaise des *Greystoke* quand « il revêt sa livrée d'homme civilisé » comme l'écrit *Edgar Rice Burroughs*, est totalement oublié au profit d'un être qui s'exprime dans un charabia « petit-nègre » un peu ridicule ? Est-ce parce que ma famille, imaginée dans ses livres par *Edgar Rice Burroughs*, a été délibérément passée à la trappe ?

Technicolor
AVEC
ORDON SCOTT · ROBERT BEATTY · YOLANDE DO

TARZAN et le
SAFARI PERDU
"TARZAN and the LOST SAFARI"
LAN · BETTA ST. JOHN · WILFRID HYDE WHITE

Malgré le retour de Jane et d'un fils nommé Tatu, et la bonne prestation de James Edwards en sorcier Futa, *Le Combat mortel de Tarzan* ne fut pas un succès.

Le producteur *Sol Lesser* semble soudain le penser et persuade la *MGM* et le metteur en scène qu'il faut faire réapparaître *Jane*, ma compagne, ainsi que mon fils – même si ce ne sera jamais mon enfant naturel, *Korak* comme dans les romans, mais un nouveau fils de cinéma, *Tatu*. On fait appel à *Eve Brent* pour endosser la tunique en cuir de *Jane*. Un critique connu dépeint l'actrice comme « passée directement d'un cabaret de Las Vegas à la jungle tant sa peau est doucement rosée ».

Mais le film, intitulé *Le Combat mortel de Tarzan*, tourné en studio et amélioré par quelques scènes de vie sauvage captées lors du voyage précédent en Afrique (dans les paysages opulents du Congo Belge notamment), ne séduit guère les foules. Pour tout dire, l'image que donne alors de moi le cinéma commence à être passablement moribonde. Aussi, comme dans la jungle quand traîne un cadavre ou un animal blessé sur le point de mourir autour duquel rôdent hyènes et vautours, arrivent pour se partager les restes, une autre firme, la *Paramount*, un autre producteur, *Sy Weintraub*, et un autre metteur en scène, *John Guillermin*. Leur but : gagner de l'argent en injectant du sang neuf à mon personnage de cinéma pour tenter de le rapprocher du personnage des livres. Pour y parvenir, *Sy Weintraub* préconise deux recettes : ne plus me faire parler de façon monosyllabique comme un bon sauvage un peu naïf et, surtout, repartir tourner en Afrique, plus précisément au Kenya, en pays *Kibuyu*. Le résultat est plutôt positif : bien tournés en cinémascope et en eastmancolor par des techniciens britanniques compétents, les deux films, *La Plus Grande Aventure de Tarzan* et *Tarzan le magnifique*, en dépit de l'absence de *Jane*, redonnent incontestablement vie à mon image. Au moins me voit-on évoluer comme dans les livres, armé d'une lance, ainsi que d'un arc et de flèches dans leur carquois.

Pour autant, *Gordon Scott* est-il « l'homme dont les muscles bien équilibrés, aux proportions harmonieuses qui suggèrent la force d'un géant, ne ressemblent en rien à ceux d'un forgeron » tel que le décrivait dans ses livres mon auteur de père, *Edgar Rice Burroughs* ? Les hommes de cinéma auraient sans doute fait preuve de sagesse en relisant ces lignes et en s'en inspirant plutôt que de ricaner parce qu'ils les trouvaient un peu lyriques.

Cinquième et dernière apparition de Gordon Scott en homme-singe dans *Tarzan le magnifique*. Il ne pousse plus son fameux cri, car, dans les émissions comiques, on commençait à le tourner en ridicule.

Car si *Gordon Scott*, excellent par ailleurs, n'est finalement pas parvenu à devenir le *Tarzan* idéal, c'est surtout parce que, physiquement, il montre un torse un peu trop bombé, qui, associé à une chevelure bouclée qui lui donne un air un tantinet romantique, ne parvient pas tout à fait, malgré ou à cause de la force puissante et calme qu'il dégage, à lui conférer la brutale virilité que les spectateurs appréciaient chez *Johnny Weissmuller*. Trop culturiste, en quelque sorte, trop Hercule. Plus à l'aise quand il pose pour des couvertures de magazines en Monsieur Muscles que lorsqu'il se déplace dans les arbres pour les besoins du cinéma. *Gordon Scott* en est d'ailleurs parfaitement conscient et accepte fort bien les remarques de *Sy Weintraub* qui lui assure vouloir refondre mon image et rechercher à l'avenir un *Tarzan* plus élancé.

En 1961, alors qu'après m'avoir incarné cinq fois au cinéma il lui reste pourtant deux ans de contrat à honorer, il part pour l'Italie où sa musculature de titan va faire merveille dans des films comme *Romulus et Remus* – il y rencontre un autre colosse nommé *Steeve Reeves* –, *Maciste contre le fantôme* ou encore *Le Gladiateur de Rome*. Il deviendra aussi *Buffalo Bill* et *Zorro*. Mais plus que le western et surtout plus que les péripéties de *Tarzan* en pagne dans la jungle souvent artificielle des studios, il tournera une bonne douzaine de péplums, ces films d'aventures à grand spectacle inspirés de l'Antiquité où les acteurs de forte stature ont souvent le beau rôle. Et il y sera parfaitement à l'aise.

Avec son physique d'Apollon, Denny Miller se rapprochait du Tarzan décrit par Edgar Rice Burroughs. Si ce n'est qu'il était blond !

DENNY MILLER

L'homme-singe blond qui n'a pas de nom

À dire la vérité, si je n'avais pas connu l'amour de *Jane*, je n'aurais jamais quitté la jungle pour la civilisation comme je l'ai fait à l'âge de 22 ans. Comme l'écrit par exemple *Edgar Rice Burroughs* dans les premières pages de *Tarzan et le trésor d'Opar* : « Ce n'était que par affection pour la délicieuse jeune femme qu'il avait épousée que ce fils de la libre nature, après avoir passé toute sa première jeunesse à partager l'existence sans contrainte des bêtes de la forêt, s'était résigné à adopter les manières des Européens. Il était profondément heureux lorsqu'une occasion s'offrait à lui de reprendre la vie d'autrefois, et il gonflait alors avec délice sa poitrine nue pour emplir ses poumons du souffle de la liberté. »

La jungle, j'y reviens souvent, j'ai besoin d'y revenir. Pour retrouver mes fidèles amis *Waziri* et la grande plantation que nous avons installée, ma compagne et moi, sur la côte Est de l'Afrique, entre le lac *Rodolphe* et le *Kilimandjaro.* Et surtout pour oublier le comportement des hommes qui « sont d'étranges animaux » comme me le fait dire *Edgar Rice Burroughs* en conclusion de son vingtième livre, *Tarzan et la cité interdite.*

Déjà, dans son deuxième ouvrage, *Le Retour de Tarzan*, je les jugeais plutôt sévèrement, en vitupérant : « Les hommes sont tous pareils. Ils trompent, ils mentent, ils se battent et tout cela pour des choses que les animaux de la jungle dédaigneraient ; pour se procurer de l'argent et des plaisirs insignifiants... »

Les hommes de cinéma, et peut-être tout spécialement ceux qui essaient depuis plus de trente ans – avec un inégal succès – d'extraire mon image d'une œuvre littéraire accueillie avec enthousiasme par le monde entier pour la porter à l'écran, n'échappent pas à la règle. En 1957, par exemple, la désaffection du public pour mon personnage ne faisant plus de doute, la *MGM*, plutôt que de reconnaître ses erreurs et de tenter de rapprocher davantage le *Tarzan* des écrans de celui des livres,

Tourné en couleurs mais avec de faibles moyens, le remake du *Tarzan l'homme-singe* de 1932, sorti en 1959 et réalisé par la MGM, n'aura pas réussi à convaincre le public.

P. 208-209
En 1963, Francis Lacassin, grand spécialiste de Tarzan, consacre à l'homme-singe tout un numéro de la revue *Bizarre*. À partir d'un dessin de Hogarth, il fait redessiner Tarzan au plus près des descriptions de Edgar Rice Burroughs. Il ressemble fort à Denny Miller !

a abandonné sans grand courage les droits de mon personnage à *Sy Weintraub*, qui, l'on s'en souvient, a produit avec une certaine réussite les deux derniers films où apparaît *Gordon Scott*. Mais, à peine a-t-elle pris cette décision, qu'elle la regrette ou plutôt qu'elle jalouse le succès de *La Plus Grande Aventure de Tarzan*, sorti en 1959. Elle se met alors en tête de réaliser un « remake » du *Tarzan l'homme-singe* de 1932, le premier Tarzan de l'ère du cinéma parlant où *Johnny Weissmuller* faisait une apparition remarquée.
Je reprends espoir. Je me dis que les petites mesquineries des gens de Hollywood vont servir ma cause, que je vais enfin apparaître au cinéma sous le double visage, si bien dépeint par *Edgar Rice Burroughs*, de l'élégant *John Clayton*, riche héritier des *Greystoke* et de *Tarzan* l'homme-singe, « magnifiquement musclé comme un Apollon plutôt que comme un Hercule, vêtu d'un simple pagne en peau de lion, avec un air de beauté primitive qui évoque plus le demi-dieu que l'homme ». On va enfin raconter ma propre histoire, ne pas tricher avec la réalité, on va fidèlement montrer la mort tragique de mes parents biologiques puis mon adoption par *Kala* la guenon, suivre mon enfance d'enfant sauvage et nu dans la jungle, on retracera les circonstances de ma rencontre avec *Jane*, on me suivra quand j'irai la rejoindre dans le Wisconsin via la France, on enlèvera tous les artifices inutiles tels que les courses folles de liane en liane et les cabanes presque luxueuses dans les arbres.

Pour refaire en 1959 le *Tarzan l'homme-singe* de 1932, il faut évidemment un nouvel acteur. Un agent de Hollywood qui passait par là le trouve un peu par hasard sur Sunset Boulevard à Los Angeles alors que, jeune homme encore étudiant, il prête main forte dans un déménagement pour se faire de l'argent de poche. Il a 24 ans, il est grand et superbement musclé et cette belle stature, il se l'est forgée d'abord au cours du service militaire, en Allemagne, où ses qualités de basketteur défenseur des couleurs de l'armée l'ont dispensé de manœuvres dans la neige ; dans la fameuse UCLA ensuite, l'université de Californie, dont il sort tout juste, sportif déjà courtisé par les clubs et professeur d'éducation physique, comme son père. Il s'appelle *Denny Miller*. Il est d'ailleurs tout surpris de la proposition qu'on lui fait si soudainement de m'incarner, moi, *Tarzan*, seigneur de la jungle et, surtout, de la somme de soixante-quinze dollars par semaine qu'on lui alloue par contrat, ce qui paraît astrono-mique à l'étudiant récemment diplômé qu'il est encore. Ses rêves de jeunesse, il les vit d'abord à travers les basketteurs et les athlètes professionnels qu'il brûle de rejoindre.

Metro-Goldwyn-Mayer
PRÉSENTE
EN TECHNICOLOR
DENNY
MILLER
le nouveau Tarzan
TARZAN L'HOMME SINGE
avec
CESARE DANOVA · JOANNA BARNES · ROBERT DOUGLAS

RE
29
30
2me TRI
MESTRE
1963
éro Spécial
15 F

BIZARRE

29
30

2me TRIMESTRE 1963

Tarzan

Numéro Spécial

REVUE TRIMESTRIELLE

15 F

Si le film le déçoit, Denny Miller prend du plaisir à incarner Tarzan, notamment, dira-t-il, dans les scènes tournées avec Joanna Barnes, qui tient le rôle de Jane.

Moins à travers mon personnage qu'il connaît pourtant bien et qu'il vénère depuis l'âge de 16 ans. Dans la petite ville de Bourbon, Indiana, où il vit alors, il apporte sa chaise dans la quincaillerie locale où l'on projette des films à la mode dans lesquels évolue un certain *Johnny Weissmuller*.

Son enthousiasme retombe vite. Malgré son inexpérience du cinéma il s'aperçoit rapidement que l'on tourne en studio – il avait espéré un moment partir en Afrique –, que certains costumes sont recyclés à partir d'un film intitulé *Les Mines du roi Salomon*, qu'il est dispensé d'une lutte avec un faux crocodile dans une piscine parce qu'on récupère une séquence déjà tournée dans *Tarzan et sa compagne* et que, de la même manière, on se contente de retrouver des images d'éléphants écrasant un village de Pygmées en leur donnant de la couleur. Les Pygmées, justement, parlons-en, ils sont joués par les enfants d'une école de Los Angeles barbouillés et attifés. Quant au fameux cri de l'homme-singe, personne ne s'offusque sur les lieux de tournage quand *Denny Miller* avoue que le sien « sonnerait comme celui d'un yack blessé ». Qu'à cela ne tienne, on va le ressortir des boîtes à son marquées *Johnny Weissmuller*, puisqu'il appartient à la *MGM*, même si, entre-temps, à force de devenir populaire, on a fini par l'imiter dans les salles et parfois par le railler.

Denny Miller, qui est intelligent, s'aperçoit bien que le film est plus ou moins bâclé. Il est même franchement édifié quand il se rend compte que pour de sordides craintes d'ennuis judiciaires, la *MGM* a abandonné ses droits à la *Paramount* mais s'empresse aussitôt de tourner un film concurrent. Est-ce bien régulier ? On lui fait savoir qu'on se gardera bien de prononcer son nom de cinéma tout au long du film. Autrement dit, pendant les quatre-vingt-deux minutes que dure ce « remake » de *Tarzan l'homme-singe*, *Tarzan* ne sera jamais appelé même si le mot *Tarzan* est conservé dans le titre ! Malgré tout, avec l'insouciance de la jeunesse, *Denny Miller* prend beaucoup de plaisir à jouer, « un peu comme dans un cirque » écrira-t-il plus tard. Il aime bien aussi la compagnie de *Joanna Barnes*, l'actrice qui incarne *Jane*, treizième du nom au cinéma, et il ne déteste pas les scènes de baisers qu'il tourne avec elle. Et puis, surtout, il s'est soudain senti la vocation d'acteur et il en profite pour bien apprendre son métier.

Du fond de ma jungle littéraire, caché dans les pages des vingt-six ouvrages qui racontent mes aventures, j'observe cet épisode d'autant plus navrant que si ce deuxième *Tarzan* en version parlante (1932 et 1959) avait été aussi fidèle au premier livre de *Edgar Rice Burroughs*

Denny Miller, douzième Tarzan du cinéma, était-il cet homme « joliment musclé, avec un air de beauté primitive qui évoque le demi-dieu », tel que le décrivait Edgar Rice Burroughs quand il parlait de l'homme-singe ?

que le premier *Tarzan* en version muette tourné en 1918 (avec *Elmo Lincoln*), il aurait au moins étonné le public, hélas habitué à des versions souvent déformées. D'autant plus navrant encore que *Denny Miller* présente sans doute, physiquement, la plus grande ressemblance avec la silhouette que m'attribue, dans ses livres, mon père écrivain. Il est grand, plus élancé, moins corpulent que *Buster Crabbe*, *Herman Brix* ou *Gordon Scott*. À cette réserve près… qu'il est blond ! Mais pourquoi diable la *MGM* n'a-t-elle pas demandé à son acteur de se teindre en brun ? *Denny Miller* possède tous les atouts pour faire oublier *Johnny Weissmuller*. Il présente en tout cas la dimension mythologique, cette allure majestueuse qui lui confère des airs d'Apollon, un physique plus harmonieux que massif qui le rapproche de la description que fait si souvent *Edgar Rice Burroughs* de mon personnage. Très clairvoyant, *Denny Miller* n'insiste pas. Il met à profit l'expérience qu'il a acquise dans les studios pour se lancer dans une belle carrière d'acteur de western et tourne notamment la bagatelle de cent dix épisodes d'un feuilleton télévisé à succès intitulé *Wagon Train*. Ce qui fait dire à un critique de l'époque qu'« en laissant échapper *Denny Miller*, la *MGM* s'est peut-être pris les pieds dans ses lianes » !

Dans *Tarzan aux Indes*, des entrepreneurs peu scrupuleux décident, pour alimenter une centrale électrique, de construire un barrage qui menace de noyer une vallée où vivent paisiblement trois cents éléphants. L'homme-singe est appelé à la rescousse.

JOCK MAHONEY

Le méchant devient justicier

Aussi malin que *Manu*, le petit singe espiègle qui m'accompagne parfois dans mes grandes traversées de la jungle par le chemin des arbres ; aussi obstiné que *Horta*, le sanglier qui ne connaît pas les obstacles ; aussi habile que *Pacco*, le zèbre toujours prompt à éviter les pièges, *Sy Weintraub* sait fort bien tirer les leçons du demi-échec que vient de connaître la *MGM*. Pour avoir les coudées franches, il rachète les parts de l'associé avec lequel il était lié dans les deux précédents films, *La Plus Grande Aventure de Tarzan* et *Tarzan le magnifique*, afin de créer une firme complètement indépendante, la *Banner Productions*. Et il commence par analyser avec lucidité les aspects positifs et négatifs de ces films.
Il lui paraît évident qu'un tournage effectué en extérieurs, surtout dès lors que l'intrigue est censée se dérouler dans la jungle, permet d'obtenir des images dont les profondeurs de vues sont infiniment supérieures aux paysages de carton-pâte et aux forêts artificielles des studios hollywoodiens. Il a parfaitement conscience que *Gordon Scott* était un très bon acteur, mais que son aspect « Monsieur Muscles » ne correspond pas vraiment à la stature de mon personnage, tel du moins que me décrit *Edgar Rice Burroughs* dans ses livres.

Il songe évidemment à tourner en Afrique, mais l'instabilité politique règne sur ce continent dans les années 1960 et l'amène à décider que son prochain film sera tourné en Inde, sous la direction de *John Guillermin* qui a fait du bon travail dans *La Plus Grande Aventure de Tarzan* et auquel on devra, plus tard, *La Tour infernale* et surtout *King Kong*. Quant à choisir l'acteur qui va m'incarner, moi le seigneur de la jungle, *Sy Weintraub*, songeant à un homme moins massif et plus grand pour les films suivants, a déjà sa petite idée depuis le tournage de *Tarzan le magnifique*.

METRO-GOLDWYN-MAYER
UNE PRODUCTION SY WEINTRAUB
LE DÉFI DE TARZAN
d'après EDGAR RICE BURROUGHS
JOCK MAHONEY et WOODY STRODE

Tarzan aux Indes et *Le Défi de Tarzan* ont été tournés dans le pays de Gandhi et en Thaïlande, près de la frontière chinoise. Ce qui s'explique en partie par l'instabilité politique qui régnait dans les années 1960 en Afrique.

Ni compagne, ni fils pour l'homme-singe dans *Tarzan aux Indes*. Mais un petit garcon nommé Jaï qui plaira beaucoup au public. Et la belle princesse Kamara dont le père, maharadjah, a appelé Tarzan à l'aide.

Il y a repéré un certain *Jock Mahoney* dans le rôle de *Coy Banton*, un méchant dont les plus de deux mètres et les cent dix kilos tenaient la dragée haute à *Gordon Scott*.

Sur les plans physique et humain, Jock Mahoney présente, il est vrai, de sacrées références. Déjà, à l'université, il affiche de sérieuses dispositions pour le basket, le football et la natation. Ce qui ne l'empêche pas, en 1941, à l'âge de vingt-deux ans, d'interrompre ses études pour s'engager comme instructeur militaire et pilote de chasse. De retour à la vie civile, il se rend à Hollywood où, grâce à sa belle carrure, il n'a pas trop de mal à se faire engager comme cascadeur, doublant même rapidement des vedettes comme *John Wayne* ou *Gregory Peck*. *Jock Mahoney* sera donc le treizième *Tarzan* du cinéma. Pour un film qui va tout naturellement s'intituler *Tarzan aux Indes* puisqu'on met le cap sur les régions de Bangalore, Bombay et Madras. Les paysages y sont somptueux, les jungles opulentes, mais on change de continent. Alors, il faut bien que le scénario justifie cette infidélité géographique. Ce qui explique que, dès la première image du film, on me voit dans un petit avion au-dessus d'un plan d'eau dans lequel je plonge résolument pour voler au secours d'un vieil ami maharadjah rencontré en Afrique et de sa fille la princesse *Kamara*, qui redoutent que la construction d'un barrage provoque la noyade de trois cents éléphants.En avion et en Inde ! Pour l'avion, cela n'a rien de trop surprenant si l'on sait que dans *Tarzan et le secret de jeunesse*, son dix-neuvième ouvrage, *Edgar Rice Burroughs* m'imagine découvrant dans la jungle, avec un pilote anglais nommé *Brown*, un appareil dont les occupants ont été tués par les *Kavuru*, et dont nous nous servirons pour délivrer *Jane*, prisonnière dans le temple du grand prêtre *Kavandavanda* qui y cache une boîte peinte et sculptée contenant « des pilules qui peuvent donner à mille personnes au moins la jeunesse et la beauté éternelles ». En Inde, cela sort tout de même du cadre habituel de la jungle africaine, alors qu'aucun des livres publiés par mon père écrivain ne m'a fait quitter le continent noir – même si, l'on s'en souvient, en 1934, *Edgar Rice Burroughs* en personne, agacé par les libertés que prennent avec son œuvre les gens de Hollywood, avait créé sa propre firme cinématographique pour aller tourner *Tarzan et la déesse verte* au Guatemala, avec *Herman Brix*.

Qu'à cela ne tienne : le film plaît au public. Est-ce pour le morceau de bravoure qui voit *Jock Mahoney*, l'ancien méchant devenu justicier face à des bâtisseurs de barrage sans scrupules, juché sur un éléphant de tête, mener tout un troupeau dans une charge spectaculaire ?

NEWEST
MOST SPECTACULAR
The King of the jungle finds new adventure in a new land in a fabulous filmed-on-location spectacle in mystic India!
METRO-GOLDWYN-MAYER presents
The SY WEINTRAUB Production of
EDGAR RICE BURROUGHS
ALL NEW!
TARZAN GOE
Starring JOCK MAHONEY and JAI, The Elephant Boy with GAJEND

ARZAN!
OF THEM ALL!
IN GIANT
CINEMASCOPE
AND
METROCOLOR!
TO INDIA
ng of the Elephants

Pour détruire le barrage qui menace un troupeau d'éléphants, Tarzan mène précisément une charge victorieuse avec l'aide des éléphants.

Est-ce parce qu'à la dernière minute, *Sy Weintraub* réalise qu'en l'absence de *Jane* il convient d'ajouter dans la distribution un émouvant et jeune cornac, un petit garçon nommé *Jaï* ? *Tarzan aux Indes*, sorti en 1962, rencontre en tout cas un gros succès commercial.

Encouragé par cette réussite, *Sy Weintraub* va utiliser les mêmes ingrédients pour tourner, en Thaïlande cette fois et toujours avec *Jock Mahoney*, le deuxième film de la *Banner Productions*, intitulé *Le Défi de Tarzan*. Là encore, l'action ne se déroule pas dans la jungle africaine, mais dans un pays asiatique anonyme dont le chef spirituel se meurt. Son frère *Khan* veut tout à la fois prendre sa place et empêcher le jeune héritier *Kashi* de monter sur le trône. On va m'appeler à la rescousse et je devrai affronter l'horrible *Khan* dans trois combats singuliers. Le troisième consiste en un affrontement au sabre en équilibre instable sur un filet tendu au-dessus d'un chaudron d'huile bouillante !
Une fois encore, l'histoire n'est basée sur aucun des livres de l'homme qui a inventé mon personnage. Le cinéma, comme il en a pris l'habitude, continue à ignorer superbement les aventures que je vis au fil des pages écrites par *Edgar Rice Burroughs*. Mais si je ne m'y retrouve pas au niveau de l'intrigue, je dois convenir que, visuellement, le résultat est plutôt superbe. Les scènes ont été fort bien réalisées dans la jungle opulente de Chieng-Mai, près de la

Dans *Le Défi de Tarzan*, on assiste à un fantastique combat entre Khan, frère diabolique d'un guide spirituel asiatique, et Tarzan, au sabre et sur un filet tendu au-dessus de chaudrons d'huile bouillante !

frontière chinoise ; le temple de l'empreinte de Bouddha, un sanctuaire sacré ouvert pour la première fois à un tournage, apporte une note grandiose au caractère épique des combats ; et un drôle de bébé éléphant appelé *Hungry* ajoute à l'ensemble une petite touche comique qui amuse les spectateurs.

Pourtant, dans les coulisses, les choses ne se passent pas tout à fait aussi bien. *Jock Mahoney* a attrapé la dysenterie et la dengue, au point d'être atteint par une sévère pneumonie. Il tourne courageusement jusqu'au bout, mais le *Tarzan* de cinéma n'a pas la résistance du *Tarzan* des livres. Il perd plus de vingt kilos. Et si, jusqu'ici, personne ne s'est vraiment aperçu que *Jock Mahoney* avait commencé à m'incarner à 43 ans – à l'âge où *Johnny Weissmuller* se glissait dans mon personnage pour la douzième et dernière fois –, la marque des ans, ajoutée à celles de la maladie et de l'amaigrissement, se fait cruellement sentir dans les dernières scènes.
C'est à ce moment-là que *Sy Weintraub* signe avec la *Edgar Rice Burroughs Incorporated*, un contrat qui lui accorde les droits sur mon personnage jusqu'en 1972. Apparemment, les héritiers de mon père spirituel, qui gèrent maintenant à *Tarzana* les droits attachés à mon image, ne tiennent pas trop rigueur à *Sy Weintraub* d'avoir situé mes dernières aventures cinématographiques dans la jungle asiatique. Ils lui font confiance pour dénicher le quatorzième *Tarzan* de cinéma…

ALL NEW HIGH ADVENTURE!
american international presents
THE
SY WEINTRAUB PRODUCTION of
TARZAN
AND THE
VALLEY of
GOLD
in PANAVISION® and
EASTMAN COLOR
SEE-TARZAN CHALLENGE
THE WORLD'S MOST
MODERN WEAPONS!
STARRING MIKE HENRY · NANCY KOVACK
DAVID OPATASHU
ALSO STARRING MANUEL PADILLA, Jr.
FEATURING DON MEGOWAN
DIRECTED BY ROBERT DAY
SCREENPLAY BY CLAIR HUFFAKER
PRODUCED BY SY WEINTRAUB
BASED ON THE CHARACTERS CREATED BY EDGAR RICE BURROUGHS
COPYRIGHT © 1966 AMERICAN INTERNATIONAL PICTURES
All Rights Reserved Printed in U.S.A.

Une grenade au bout d'une corde lancée dans les pales d'un hélicoptère ! Tarzan bat le monde moderne avec ses propres armes...

MIKE HENRY

James Bond chez les Aztèques !

Tarzan appelé en Inde par la princesse *Kamara* et son vieux père maharadjah pour sauver un troupeau de trois cents éléphants. *Tarzan*, arrivé on ne sait trop comment dans un pays asiatique qui ne dit pas son nom, pour déjouer le complot ourdi contre le jeune prince *Kashi* au prix de trois terribles combats. *Tarzan* réclamé au Mexique pour délivrer un jeune enfant enlevé par un criminel international. *Tarzan* demandé au Brésil par un vieil ami pour lutter contre une secte qui incendie la forêt amazonienne et aider une femme journaliste à retrouver un enfant sauvage.

Décidément, le vaste océan de végétation tropicale oùj'ai été élevé par *Kala*, ma maman anthropoïde ; l'immense jungle africaine dans laquelle *Edgar Rice Burroughs* me fait vivre dans les pages de ses livres la plupart de mes aventures ; ce fabuleux continent noir qui permet au cinéma de produire désormais de superbes vues de paysages et des scènes animalières fantastiques, tout cela ne suffit plus à *Sy Weintraub* le producteur. Il déclare même que pour les trois films et la série télévisée qu'il se propose de réaliser – avec l'homme-singe, seigneur de la jungle africaine bien entendu –, « les bons endroits pour tourner seront ceux où *Tarzan* n'a pas encore été filmé » !

Il aurait peut-être dû mieux contrôler ses paroles. Car le premier pays avec lequel sa *Banner Productions* passe un accord de coopération, qui comprend le droit de filmer dans les pyramides aztèques, c'est le Mexique, et plus précisément Acapulco, là où, quinze ans plus tôt, *Johnny Weissmuller* a déjà tourné dans *Tarzan et les sirènes*. Quel acteur va-t-il d'ailleurs emmener dans ses bagages pour m'incarner après *Jock Mahoney* ? Là aussi, il explique, un peu sentencieusement, qu'il connaît désormais la recette pour dénicher le *Tarzan* idéal, qui devra ressembler à *Burt Lancaster*.

… même s'il faut bien revenir de temps à autre à un personnage plus traditionnel, utilisant son arc, comme dans *Tarzan et l'enfant de la jungle*.

Il ne ménage pas ses efforts, il est vrai, pour choisir, parmi trois cents candidats, celui qui sera amené à faire un ultime test le 24 juillet 1965. L'homme s'appelle *Mike Henry*. Il a 28 ans et il est déjà très populaire aux États-Unis puisque, depuis sept ans, il est footballeur professionnel dans l'équipe des Rams de Los Angeles. Ressemble-t-il à *Burt Lancaster* ? En tout cas, au terme d'un essai concluant, il accepte le rôle, entame un petit régime alimentaire et décide même de renoncer au sport pour devenir acteur.

Le premier film s'intitule *Tarzan et la vallée de l'or*. Rien à voir avec *Cathné*, la cité dont les dômes et les ponts sont recouverts du métal précieux, ou *Opar*, dont j'ai percé le mystère des lingots, dans les cinquième et seizième livres de *Edgar Rice Burroughs*. Démodés, sans doute, pour *Sy Weintraub* et le romancier-scénariste *Clair Huffaker*. Ils ont imaginé une histoire bien de leur temps où l'homme-singe se trouve confronté à *Vinaro*, un criminel international, qui a le bon goût d'offrir des montres explosives à ses « amis » et a kidnappé un enfant nommé *Ramel*. Lequel, une fois retrouvé par *Tarzan*, révèle qu'il est issu d'une vallée perdue où sa tribu a amassé beaucoup d'or. Va pour la vallée perdue, mais, pour y parvenir, *Tarzan* doit affronter non pas des lions ou des panthères, ce n'est plus tendance, mais des mercenaires en tenue de camouflage, des tanks qui crachent le feu et même un hélicoptère qu'il fait exploser en jetant une corde lestée d'une pierre dans ses pales !

C'est sûr, nous sommes loin de l'œuvre de *Edgar Rice Burroughs*, jugée trop dépassée par Hollywood. Le personnage à la mode, en 1965, c'est *James Bond*. Et le cinéma de l'époque ne manque pas de faire évoluer *Mike Henry* dans les pyramides aztèques à la façon d'un OSS 117 des temps modernes. Avec coups de feu et explosions qui déplurent d'ailleurs à l'État mexicain, lequel, craignant pour ses trésors archéologiques, ne donna pas à l'équipe de la *Banner Productions* l'autorisation de tourner un deuxième film.
C'est au Brésil, fin 1965, que ce deuxième film, intitulé *Tarzan et le jaguar maudit*, sera réalisé. L'équipe de tournage débarque à Rio de Janeiro, fin août 1965, sans avoir le temps de récupérer, et avec tous les animaux utilisés au Mexique. Parmi eux, *Major*, un lion de cinq cents livres, qui décide d'abord de se promener seul dans Rio avant de prendre tellement son rôle au sérieux dans une scène qu'il mord un acteur au pied. La fatigue commence à se faire sentir, les incidents à se multiplier. Dans une scène où la belle *Diana Millay*, qui tient le rôle d'une doctoresse, doit vacciner des Indiens, les figurants, superstitieux, s'y refusent jusqu'à ce que *Manuel Padilla*, le jeune mousse du film, se laisse piquer volontairement. *Mike Henry* lui-même se plaint. Au cours de la deuxième semaine de tournage, il se fait cruellement mordre à la mâchoire par *Dinky*, le chimpanzé. Résultat : vingt points de suture, trois jours et trois nuits de délire, trois semaines pour récupérer !

Grâce au jeune Ramel qu'il vient de sauver, Tarzan, en compagnie de Sophia Renault (Nancy Kowack), pénètre dans la cité de l'or aztèque. Cette scène fut tournée à Teotihuacán.

P. 232-233
Tarzan traditionnel se promenant avec un guépard ou Tarzan version moderne luttant contre un hélicoptère ? Influencé par l'esprit du temps, le cinéma américain des années 1960 n'a pas hésité à camper l'homme-singe en véritable James Bond, très en vogue à l'époque.

Le film est de moins bonne facture que le précédent, malgré la présence de *Rafer Johnson*, l'ancien champion olympique de décathlon, excellent dans le rôle du méchant *Barcuma*, le chef d'un mystérieux culte du léopard. *Mike Henry* exhibe une belle musculature, il est très à l'aise dans un pagne raccourci pour faire plus « sexy », mais l'intrigue, qui n'a toujours rien à voir avec les aventures concoctées par *Edgar Rice Burroughs*, fait encore penser à un *James Bond* version jungle dans lequel *Tarzan*, par exemple, s'empare d'un jerrycan d'essence pour lancer sur ses poursuivants des flèches enflammées !

La tension se fait croissante, pas de pause avant de démarrer le troisième film, *Tarzan et l'enfant de la jungle*, qu'il faut attaquer avant les prochaines tempêtes tropicales. *Mike Henry*, comme le reste de l'équipe, souffre d'intoxication alimentaire et de dysenterie. D'ennui aussi, il n'a pas revu sa famille depuis longtemps. Il parvient à s'échapper pour les fêtes de Noël, mais quand il revient au Brésil, des pluies abondantes font déborder l'Amazone et se soldent par un typhon dont le pays ne se remettra qu'au bout de cinq ans ! Une partie des décors est détruite, et, pour couronner le tout, une épidémie de typhoïde décime la troupe.
Le film se termine néanmoins, ni bon ni franchement mauvais. Il raconte l'histoire d'une femme journaliste incarnée par *Alizia Gur* et de son fiancé à la recherche d'un enfant sauvage joué par le jeune *Steve Bond* au jeu rafraîchissant. *Rafer Johnson* est là, lui aussi, dans le rôle du méchant, bien entendu.

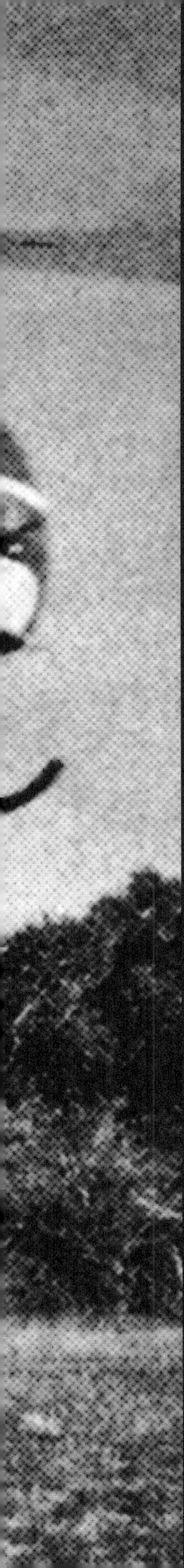

Sur cette photographie, prise en janvier 1965 à Acapulco, Mike Henry s'apprête à tourner les premières scènes de *Tarzan et la vallée de l'or*. L'ambiance du film deviendra ensuite beaucoup plus explosive.

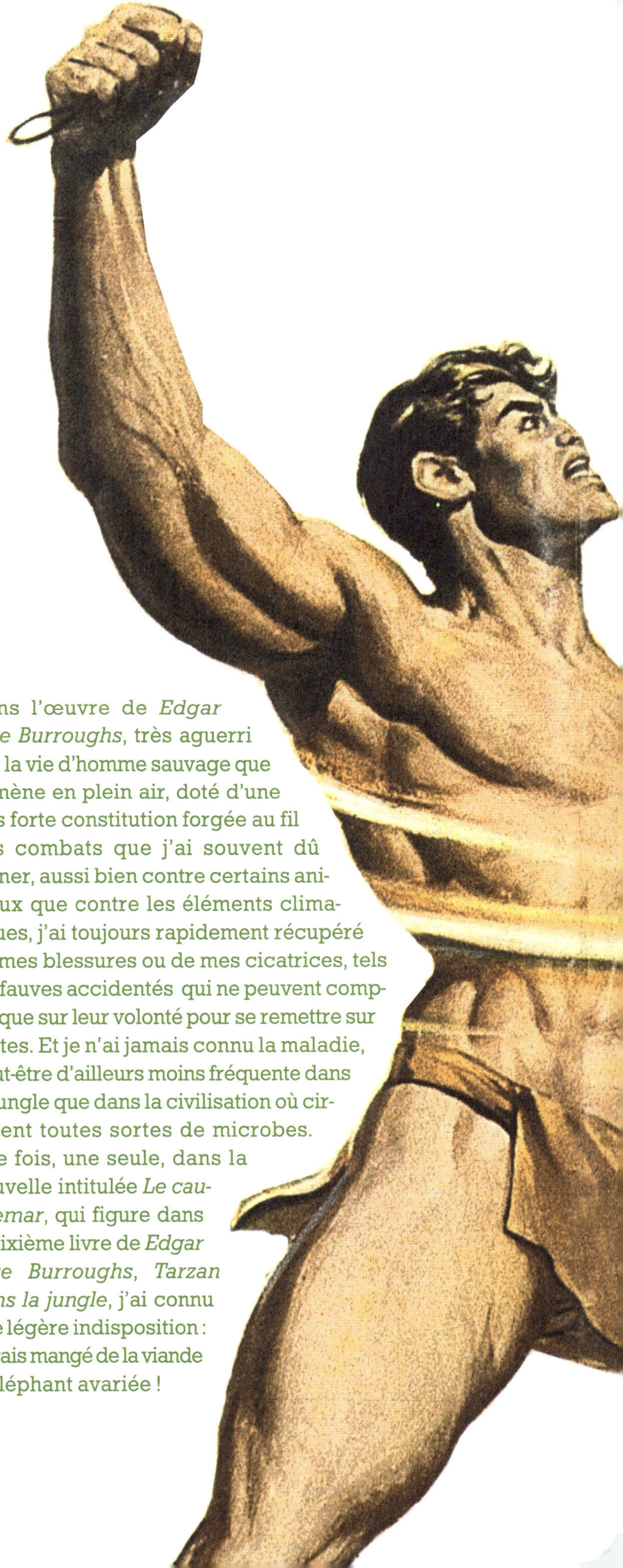

Mais côté coulisses, les choses ne s'améliorent pas. À cause des inondations, le film a pris du retard et *Sy Weintraub* annonce qu'il n'y aura aucune coupure pour aller tourner la série télévisée qui est prévue dans son contrat. C'est alors que *Mike Henry* annonce qu'il se retire et, à peine rentré chez lui et jugeant le cinéma responsable de tous ses malheurs, il dépose deux plaintes contre *Sy Weintraub* ! La première imputant la morsure qu'il a subie de la part du chimpanzé *Dinky* à une erreur humaine, l'autre pour « mauvais traitements et mauvaises conditions de travail au détriment de ma santé ». Mais il a la mauvaise idée de tourner pour une série parodique intitulée *Tagyar, roi de la jungle*, ce qui a pour effet d'amener la *Banner Productions* et la *Edgar Rice Burroughs Inc.* à porter plainte à leur tour. Les deux procédures s'annulent et l'on enterre l'affaire.

Ainsi se termine la carrière d'acteur (il réussira très bien ensuite dans la production publicitaire) de celui qui avait la carrure et la musculature pour m'incarner, moi *Tarzan*, seigneur de la jungle, mais peut-être pas la résistance suffisante pour supporter la double infection (pulmonaire et de l'oreille) qui l'a accablé à la fin du tournage de *Tarzan et le jaguar maudit*.

Dans l'œuvre de *Edgar Rice Burroughs*, très aguerri par la vie d'homme sauvage que je mène en plein air, doté d'une très forte constitution forgée au fil des combats que j'ai souvent dû mener, aussi bien contre certains animaux que contre les éléments climatiques, j'ai toujours rapidement récupéré de mes blessures ou de mes cicatrices, tels les fauves accidentés qui ne peuvent compter que sur leur volonté pour se remettre sur pattes. Et je n'ai jamais connu la maladie, peut-être d'ailleurs moins fréquente dans la jungle que dans la civilisation où circulent toutes sortes de microbes. Une fois, une seule, dans la nouvelle intitulée *Le cauchemar*, qui figure dans le sixième livre de *Edgar Rice Burroughs*, *Tarzan dans la jungle*, j'ai connu une légère indisposition : j'avais mangé de la viande d'éléphant avariée !

Livres

Les aventures de Tarzan en vingt-six volumes

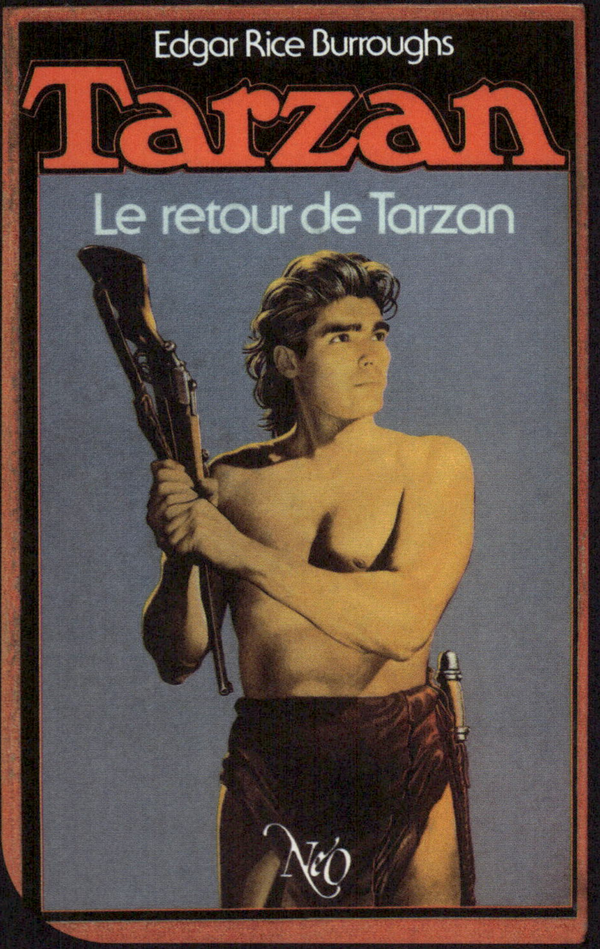

De 1912 à 1947, *Edgar Rice Burroughs*, décédé en 1950 à l'âge de 75 ans, a écrit vingt-six titres dédiés à *Tarzan* – qui se sont vendus à trente-cinq millions d'exemplaires ! – dont vingt ont été traduits et publiés en France. Aucun éditeur, hélas ! n'a publié la totalité des livres de *Edgar Rice Burroughs* consacrés à *Tarzan*.

Quoi qu'il en soit, nous en proposons ci-dessous la liste, par ordre chronologique, en indiquant d'abord le titre original en anglais, suivi des titres en français, des maisons d'édition concernées et des dates de parution :

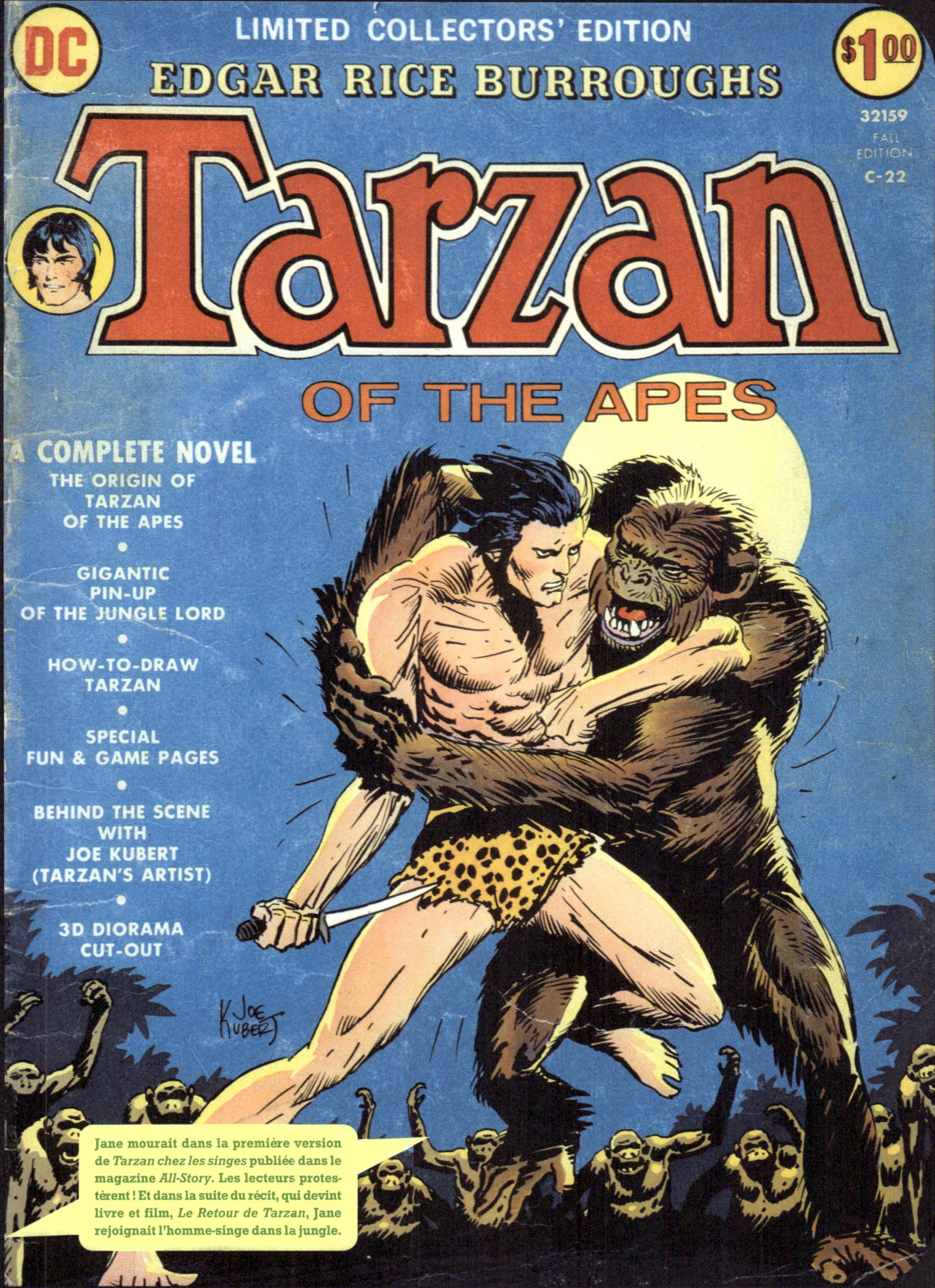

Jane mourait dans la première version de *Tarzan chez les singes* publiée dans le magazine *All-Story*. Les lecteurs protestèrent ! Et dans la suite du récit, qui devint livre et film, *Le Retour de Tarzan*, Jane rejoignait l'homme-singe dans la jungle.

TARZAN
THE · UNTAMED ·
· Edgar · Rice · Burroughs ·

1914 : Tarzan of the Apes (McClurg, Chicago) ***Tarzan chez les singes***, Fayard, 1926 et 1932 ; Hachette, 1946 ; Jean-Claude Lattès, 1970 ; Néo, 1986 (sous le titre *Tarzan, seigneur de la jungle*) ; Hachette Bibliothèque Verte, 1994 (sous le titre *Tarzan des grands singes*) ; 10/18, 1997.

1915 : The Return of Tarzan (McClurg, Chicago) ***Le Retour de Tarzan***, Hachette, 1938 ; Jean-Claude Lattès, 1970 ; Néo, 1986 ; Hachette Bibliothèque Verte, 1994.

1916 : The Beasts of Tarzan (McClurg, Chicago) ***Tarzan parmi les fauves***, Hachette, 1938 ; Jean-Claude Lattès, 1970 (sous le titre *Tarzan chez les fauves*) ; Néo, 1986 ; Hachette Bibliothèque Verte, 1994.

1917 : The Son of Tarzan (McClurg, Chicago) ***Le Fils de Tarzan***, Hachette, 1939 ; Jean-Claude Lattès, 1970 ; Néo, 1987 ; Hachette Bibliothèque Verte, 1993.

1918 : Tarzan and the Jewels of Opar (McClurg, Chicago) ***Tarzan et le trésor d'Opar***, Hachette, 1939 ; Jean-Claude Lattès, 1970 ; Néo, 1987 (sous le titre *Tarzan et les joyaux d'Opar*).

1919 : Jungle Tales of Tarzan (McClurg, Chicago) ***Tarzan dans la jungle***, Néo, 1987.

1920 : Tarzan the Untamed (McClurg, Chicago)

Tarzan l'indomptable, Jean-Claude Lattès, 1970 ; Néo, 1987 ; Hachette Bibliothèque Verte, 1996.

1921 : Tarzan the Terrible (McClurg, Chicago) ***Tarzan le terrible***, Hachette, 1941 ; Jean-Claude Lattès, 1970 ; Néo, 1988 (sous le titre *Tarzan dans la préhistoire*) ; Hachette Bibliothèque Verte, 1994.

1923 : Tarzan and the Golden Lion (McClurg, Chicago) ***Tarzan et le lion d'or***, Jean-Claude Lattès, 1970 ; Néo, 1988 ; Hachette Bibliothèque Verte, 1995.

1925 : Tarzan and the Ant Men (McClurg, Chicago) ***Tarzan et les hommes-fourmis***, Jean-Claude Lattès, 1970 ; Néo, 1988 ; Hachette Bibliothèque Verte, 1995.

1928 : Tarzan Lord of the Jungle (McClurg, Chicago) ***Tarzan seigneur de la jungle***, Hachette, 1940 et 1948 ; Jean-Claude Lattès, 1970 (sous le titre *Tarzan et les croisés*) ; Néo, 1989 (sous le titre *Tarzan, seigneur des singes*).

1929 : Tarzan and the Lost Empire (Metropolitan Book, New York) ***Tarzan s'évade***, Hachette, 1937 ; O.D.E.J., 1966 ; Jean-Claude Lattès, 1971 (sous le titre *Tarzan et l'empire romain*) ; Néo, 1989 (sous le titre *Tarzan et l'empire oublié*).

edgar rice burroughs
Tarzan
tarzan l'indomptable
edition speciale
5

UCIDAR 4
rzan au coeur de la Terre
URROUGHS

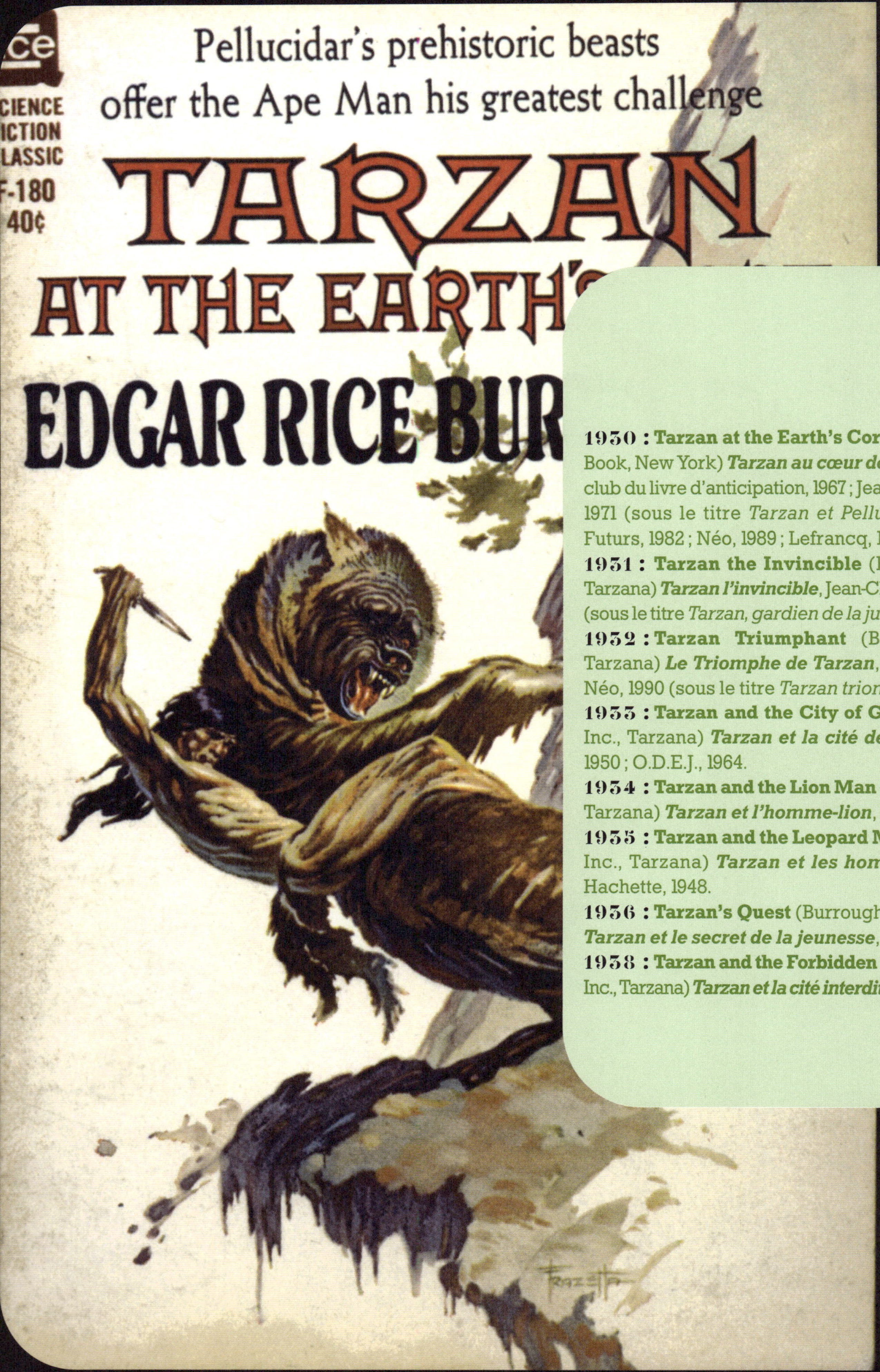

1930 : Tarzan at the Earth's Core (Metropolitan Book, New York) ***Tarzan au cœur de la Terre***, OPTA club du livre d'anticipation, 1967 ; Jean-Claude Lattès, 1971 (sous le titre *Tarzan et Pellucidar*) ; Temps Futurs, 1982 ; Néo, 1989 ; Lefrancq, 1997.

1931 : Tarzan the Invincible (Burroughs Inc., Tarzana) ***Tarzan l'invincible***, Jean-Claude Lattès, 1971 (sous le titre *Tarzan, gardien de la jungle*) ; Néo, 1989.

1932 : Tarzan Triumphant (Burroughs Inc., Tarzana) ***Le Triomphe de Tarzan***, Hachette, 1949 ; Néo, 1990 (sous le titre *Tarzan triomphe*).

1933 : Tarzan and the City of Gold (Burroughs Inc., Tarzana) ***Tarzan et la cité de l'or***, Hachette, 1950 ; O.D.E.J., 1964.

1934 : Tarzan and the Lion Man (Burroughs Inc., Tarzana) ***Tarzan et l'homme-lion***, Hachette, 1949.

1935 : Tarzan and the Leopard Men (Burroughs Inc., Tarzana) ***Tarzan et les hommes-léopards***, Hachette, 1948.

1936 : Tarzan's Quest (Burroughs Inc., Tarzana) ***Tarzan et le secret de la jeunesse***, Hachette, 1951.

1938 : Tarzan and the Forbidden City (Burroughs Inc., Tarzana) ***Tarzan et la cité interdite***, Hachette, 1948.

Restent six titres qui n'ont jamais été traduits par les éditeurs français : ***Tarzan le magnifique*** ; ***Tarzan et la légion étrangère*** ; ***Tarzan et le dieu fou*** ; ***Tarzan et les naufragés*** ; ***Tarzan et les jumeaux*** et ***Tarzan et l'aventure perdue.***

Des présentations détaillées de ces aventures, ainsi que d'autres qui n'avaient connu jusque-là qu'une traduction édulcorée, ont été proposées dans *La Tribune des Amis de Edgar Rice Burroughs*, bulletin périodique illustré fondé en 1990 par *Michel Decuyper*.

Michel Decuyper est aujourd'hui décédé, mais *Michel Vannereux*, grand connaisseur de *Tarzan* et de *Edgar Rice Burroughs*, a brillamment repris le flambeau, notamment pour la réalisation de *La Tribune des Amis de Edgar Rice Burroughs* (10, rue Raymond-Aron, 75013 Paris), qui fête ses vingt ans en 2010 et qui se complète par un site internet remarquable (www.mangani.fr), dédié tout autant au père de *Tarzan* qu'à l'auteur de science-fiction. Toute l'œuvre de *Edgar Rice Burroughs* est abordée, ainsi que ses multiples adaptations en particulier dans le domaine de la bande dessinée.

Amateur de littérature fantastique, Edgar Rice Burroughs a parfois introduit Tarzan dans son cycle Pellucidar, un continent situé à l'intérieur de la Terre, peuplé d'animaux préhistoriques et d'hommes de l'âge de pierre.

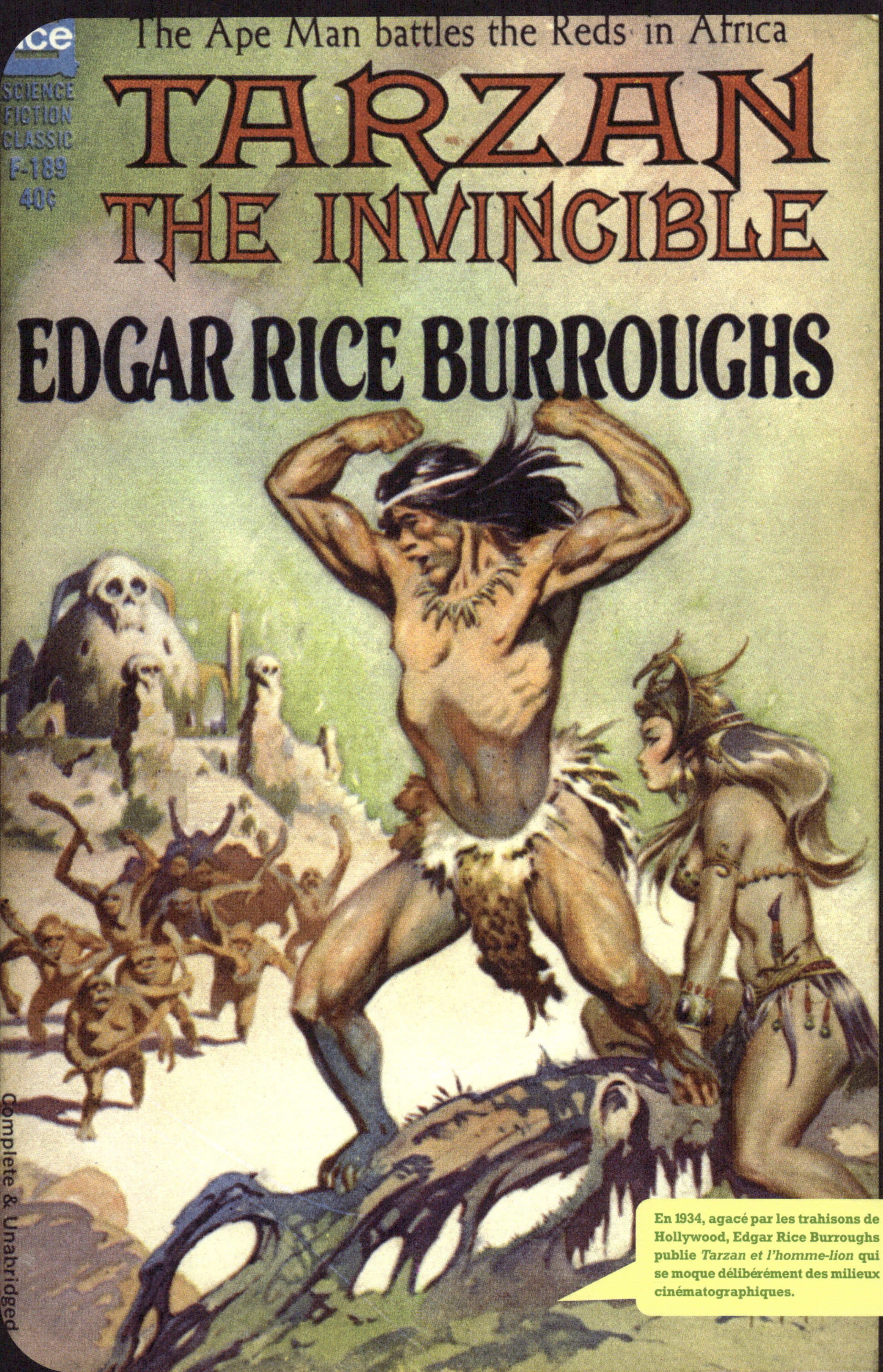

En 1934, agacé par les trahisons de Hollywood, Edgar Rice Burroughs publie *Tarzan et l'homme-lion* qui se moque délibérément des milieux cinématographiques.

TARZAN AND THE LION MAN
EDGAR RICE BURROUGHS

1,90 mètre, joliment musclé, diplômé de psychologie et joueur de football américain : Miles O'Keeffe avait tout pour faire un beau seigneur de la jungle...

P. 248-249
... mais dans ce troisième *Tarzan l'homme-singe* du cinéma, sorti en 1981, il servira plutôt de faire-valoir à la sculpturale Bo Derek, femme du réalisateur John Derek.

MILES O'KEEFFE

Jane en pleines formes

Au fil des livres qu'il a consacrés à mon personnage d'homme-singe, *Edgar Rice Burroughs* m'a fait vivre, dans l'immense jungle africaine, d'extraordinaires aventures qui m'ont amené à traverser le continent noir d'ouest en est, le plus souvent par le chemin des arbres.

Je suis né, on s'en souvient, dans la cabane en bois construite par mon père biologique, *John Clayton*, après qu'il eut été débarqué sans ménagement du bateau *Fuwalda* par des mutins avec sa femme *Alice*, quelque part dans une contrée sauvage de la côte occidentale que les cartes de géographie actuelles situeraient probablement à la frontière du Congo et de l'Angola. Près de vingt-cinq ans plus tard, après avoir fait connaissance de *Jane* et de la civilisation, après, surtout, avoir appris que j'étais le riche héritier de la lignée anglaise des *Greystoke*, nous avons choisi de nous installer, mon épouse et moi, à l'extrémité est du pays, dans la région de Nairobi et du lac Rodolphe où nous vivons en alternance avec notre résidence londonienne.
D'ouest en est, à l'occasion de mes nombreuses traversées de la jungle africaine, j'ai donc rencontré des paysages infiniment variés : des vallées profondes et des lacs immenses, des fleuves puissants qui se frayent un chemin dans la brousse exubérante, des montagnes escarpées posées là comme des obstacles infranchissables, des marécages infestés de crocodiles, des forêts d'épines et des grottes, même, où sont parfois gravés les dessins naïfs des hommes d'antan. Mais jamais, non jamais, dans ces paysages plutôt hostiles, je n'ai rencontré de mer intérieure, et surtout pas une mer intérieure aux vagues caressantes ourlée d'une plage de sable blanc et bordée de cocotiers qui font la révérence.

C'est pourtant bien cette jolie carte postale pour vacances exotiques, une mer intérieure de rêve au cœur de la jungle africaine, que n'hésitent pas à inventer la *MGM* et le réalisateur *John Derek* pour le troisième *Tarzan l'homme-singe* du cinéma parlant, sorti en 1981. Une carte postale et une réalité : c'est dans l'univers sucré des îles Seychelles, en plein océan Indien, que, dix semaines durant, les équipes de tournage ont opéré. Paradisiaque, le paysage n'a pas été choisi au hasard par John Derek. La mer bleue, le sable blanc, les cocotiers, voilà qui convient tout à fait au superbe corps de *Bo Derek*, sa quatrième épouse.

BO DEREK
TARZAN
L'HOMME SINGE
TARZAN THE APE MAN
BO DEREK · RICHARD HARRIS "TARZAN, THE APE MAN" JOHN PHILLIP LAW MILES O'KEEFFE TOM ROWE GARY GODDARD · PERRY BOTKIN · BO DEREK · JOHN DEREK
© 1981 METRO-GOLDWYN-MAYER FILM CO.
METROCOLOR
MGM
CIC
TARZAN DE AAPMENS

BO DEREK · RICHARD HARRI
TARZAN
La plus belle femme de notre époque
dans l'aventure la plus érotique de tous les temps...
DVD
VIDEO

Jaquette du DVD de *Tarzan the Ape Man* (*Tarzan l'homme-singe*), version John Derek. La liane qui supporte une Bo Derek très déshabillée ressemble à une branche de lierre.

P. 252-253 Une image rare que vous ne verrez pas dans le film de John Derek, *Tarzan l'homme-singe*. Elle fait partie des trois minutes et six secondes coupées par la censure.

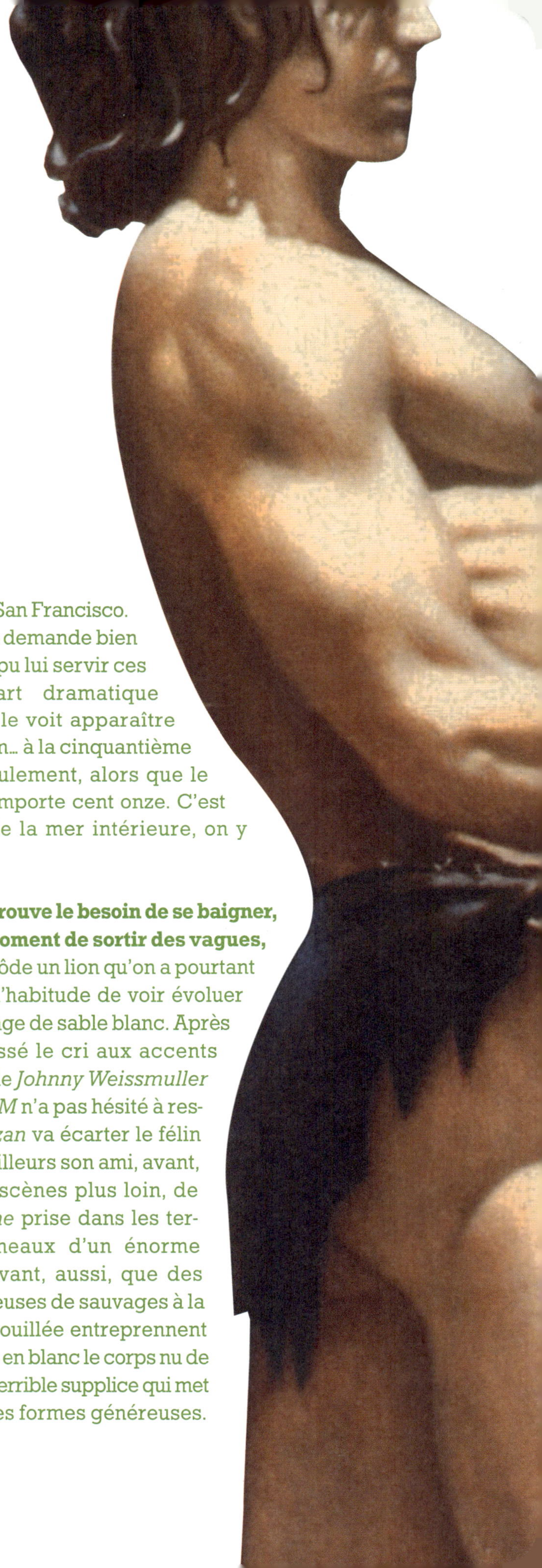

Et l'homme s'y connaît en femmes et en femmes de cinéma : devenu réalisateur après avoir abandonné le métier d'acteur parce qu'il n'avait plus l'âge de se battre en duel dans des films d'action de deuxième catégorie, il a réussi un coup de maître, en 1965, en dirigeant… et en épousant *Ursula Andress* dans le film *Once Before I Die*.
Toujours la même histoire : *Jane Parker* (et toujours, obstinément pas *Jane Porter*, comme dans les livres de *Edgar Rice Burroughs*) part dans la jungle rejoindre son père, un aventurier idéaliste fort bien campé par *Richard Harris*, qui caresse le rêve de découvrir le cimetière des éléphants, l'invention cinématographique à laquelle tient décidément beaucoup la *MGM* de Hollywood. Et c'est sur le chemin de ce cimetière que le safari, qui utilise en l'occurrence les bœufs blancs tirant des chariots dans lesquels, d'habitude, on transporte les touristes des îles Seychelles, rencontre la fameuse mer intérieure. L'occasion, pour *Bo Derek*, de prendre un premier bain. Ce ne sera pas le dernier, elle en prend beaucoup dans le film, toujours dans un maillot de bain blanc constitué d'une étoffe qui devient transparente dès qu'elle est mouillée ?

Et moi, *Tarzan*, dans tout cela ? Dans le film, je suis incarné par *Miles O'Keeffe*, un garçon de 1,90 mètre, superbement musclé, âgé de 23 ans, diplômé de psychologie, qui pratique le football américain et qui a même suivi des cours d'art dramatique à San Francisco.
Mais on se demande bien à quoi ont pu lui servir ces cours d'art dramatique quand on le voit apparaître dans le film… à la cinquantième minute seulement, alors que le film en comporte cent onze. C'est au bord de la mer intérieure, on y revient.

***Jane* éprouve le besoin de se baigner, mais au moment de sortir des vagues,** voilà que rôde un lion qu'on a pourtant rarement l'habitude de voir évoluer sur une plage de sable blanc. Après avoir poussé le cri aux accents tyroliens de *Johnny Weissmuller* que la *MGM* n'a pas hésité à ressortir, *Tarzan* va écarter le félin qui est d'ailleurs son ami, avant, quelques scènes plus loin, de sauver *Jane* prise dans les terribles anneaux d'un énorme python. Avant, aussi, que des mains hideuses de sauvages à la peau barbouillée entreprennent de peindre en blanc le corps nu de *Bo Derek*, terrible supplice qui met en relief ses formes généreuses.

Jane Parker (Bo Derek) est venue dans la jungle rejoindre un père (Richard Harris) qu'elle n'avait jamais vu. Ensemble, avec Harry Holt (John Phillip Law), ils partent à la recherche du cimetière des éléphants.

À partir de là, on le devine, va se nouer une intrigue amoureuse entre *Tarzan* et *Jane*. Une *Jane* toujours aussi voluptueuse, qui, telle une jolie poupée de Celluloïd mouillée, est constamment mise en valeur alors que *Tarzan*, beau primate athlétique, lui sert uniquement de faire-valoir. Et elle ne se contente pas de tenir la vedette dans le film : avec *Richard Harris*, elle en est également la coproductrice !
Tarzan, d'ailleurs, ne parle presque pas. Il ne possède même pas le fameux poignard qui, dans l'œuvre de *Burroughs*, m'a permis de tuer *Kerchak* et de devenir le roi des singes. Il se contente d'exhiber sa fort belle musculature comme s'il laissait la première place à la sensuelle *Bo Derek*.
La jaquette du DVD qui propose le film en version française ne cache d'ailleurs rien des intentions de la production puisque, sous l'image de *Bo Derek* très déshabillée suspendue à une liane qui ressemble à une branche de lierre, figure le commentaire suivant : « La plus belle femme de notre époque dans l'aventure la plus érotique de tous les temps… »

Érotique, le film aurait d'ailleurs pu l'être plus encore : après que les descendants de *Edgar Rice Burroughs*, estimant que l'on avait peut-être poussé un peu trop loin le bouchon, se sont plaints auprès de la commission de censure, trois minutes et six secondes, jugées un peu trop provocantes, ont été retirées de la version initiale !

Personne n'attendait un acteur français, encore moins Christophe Lambert, peu connu à l'époque, pour incarner Tarzan quand, en 1984, Hugh Hudson tourna *Greystoke*.

Malgré une stature qui n'est pas celle d'un géant, il est considéré comme l'un de ceux qui s'est le plus rapproché du personnage créé par Edgar Rice Burroughs.

Le retour à la jungle

CHRISTOPHE LAMBERT

« Empreintes vous prouvent Greystoke. Félicitations. D'Arnot. » Je m'apprêtais à quitter l'État américain du Wisconsin pour rejoindre ma jungle africaine, quand je reçois ce télégramme. Ainsi, son expéditeur, mon ami le lieutenant de vaisseau français *Paul d'Arnot*, avait-il eu finalement raison de s'obstiner.

Nous avons vécu beaucoup d'aventures communes, *Paul d'Arnot* et moi. Je l'ai d'abord sauvé des cannibales *Mbonga*. Il a ensuite commencé à m'apprendre le français, puis l'anglais, que je savais écrire, mais pas parler ; un peu plus tard, il m'a soigné d'une vilaine cicatrice à la base du crâne qu'il m'avait infligée involontairement, croyant tirer sur un ennemi. Il était très affecté par cette malheureuse méprise. Je l'ai rassuré en lui griffonnant sur un morceau d'écorce : « Vous auriez dû voir les blessures que m'ont faites *Bolgani* et *Kerchak* et *Terkoz* avant que je ne les tue ! Vous ne trembleriez pas alors pour cette égratignure. » Lorsque je fus remis sur pieds, j'ai souhaité l'accompagner en Amérique pour rejoindre *Jane*. Nous avons fait escale à Marseille, puis nous nous sommes arrêtés à Paris. J'étais impatient de traverser l'Atlantique, mais *Paul d'Arnot* avait son idée. Il me présenta à un ami, personnage important du département de la police, spécialisé dans de nouvelles méthodes consistant à identifier des individus à travers la lecture des lignes de leurs mains. On appelle cela les empreintes digitales. L'homme m'expliqua que, de l'enfance à la vieillesse, elles ne varient qu'en taille et qu'on allait relever les miennes. L'idée de *Paul d'Arnot* était de les comparer à ces marques de doigts de bébé trempés dans l'encre que j'avais retrouvées dans ma cabane africaine natale, bien visibles sur un carnet où mon père biologique, *John Clayton*, avait écrit, avant d'être tué par un gorille.

« Embarquez pour l'Amérique, avait conclu le fonctionnaire, je vous câblerai les résultats dès que possible. »

Le réalisateur Hugh Hudson a surtout choisi Christophe Lambert pour son regard. « Il est à la fois tendre et violent, c'est ainsi que je le voulais », disait-il volontiers.

P. 260-261 Enfin la véritable histoire de Tarzan racontée par le cinéaste Hugh Hudson : un bébé recueilli et élevé par la guenon Kala.

Plus aucun doute : ces empreintes sur le cahier étaient bien les miennes. La preuve était faite, scientifiquement, que moi, *Tarzan*, enfant adoptif de *Kala*, devenu le roi des singes, je suis aussi le fils de *John Clayton*, donc l'héritier direct de la lignée anglaise des *Greystoke*.

Ce jour-là, j'ai compris que j'avais désormais deux destins, celui d'un aristocrate anglais raffiné dans le monde civilisé et celui d'un homme sauvage élevé avec les primates dans la jungle africaine. Mais cette dualité, constituant précisément toute l'originalité de l'œuvre de *Edgar Rice Burroughs*, qu'en a fait le cinéma américain qui, après plus d'une trentaine de films parlants, l'a à peine évoquée et jamais vraiment exploitée ?
Nous sommes dans les années 1980, après la sortie de la troisième version de *Tarzan l'homme-singe*, celle de *John Derek*, la plus mièvre des trois. Rien à l'horizon, côté Hollywood. Quand, soudain, c'est de la jungle cinématographique française, pourtant plus modeste, que bruisse la rumeur selon laquelle, dans le pittoresque quartier parisien de Montmartre, le réalisateur anglais *Hugh Hudson* est à la recherche d'un acteur pour m'incarner à l'écran, moi *Tarzan*, roi de la jungle. Il vient d'obtenir un beau succès avec *Les Chariots de feu*, un film à la gloire de la course à pied racontant la confrontation sportive et psychologique entre deux athlètes anglais qui représentèrent leur pays aux Jeux olympiques de Paris en 1924. La rumeur n'a pas menti : *Hugh Hudson* s'est bien installé à Montmartre pour trouver « son » *Tarzan*. Il le veut français car, dit-il, il devra parler anglais dans la version originale du film, mais de préférence avec un accent français puisque, selon la véritable histoire, il a appris parallèlement les deux langues avec *Paul d'Arnot*. Il ne veut pas non plus d'un Monsieur Muscles, mais d'un acteur plutôt proche du spectateur dans l'allure, affichant l'aspect d'un homme élevé avec des singes dans la jungle et présentant un poitrail couvert de cicatrices et d'égratignures. Pour la musculature, on pourrait faire ensuite appel à un spécialiste capable de façonner un corps harmonieux.

Parmi les nombreux candidats, se présente alors un certain *Christophe Lambert*, fils de diplomate, né à New York en 1957 mais élevé à Genève, acteur français peu connu à l'époque, qui vient tout juste de décrocher deux petits rôles en 1980 et 1981 dans *Le Bar du téléphone* et *Légitime Violence*. *Hugh Hudson* le remarque, ne dit rien, le convoque ensuite dans une chambre d'hôtel et, une demi-heure durant, le regarde, sans prononcer un seul mot. Quelques semaines plus tard, il le rappelle pour un bout d'essai et lui lâche laconiquement : « Tu as le rôle. »

MOITIÉ SEIGNEUR... MOITIÉ SAUVAGE...
GREYSTOKE
LA LÉGENDE DE
TARZAN
SEIGNEUR DES SINGES
Un film de HUGH HUDSON
avec SIR RALPH RICHARDSON - IAN HOLM - JAMES FOX et CHRISTOPHE LAMBERT
ANDIE MacDOWELL Musique de JOHN SCOTT Produit par HUGH HUDSON et STANLEY S. CANTER
énario de P.H. VAZAK et MICHAEL AUSTIN - d'après l'histoire d'EDGAR RICE BURROUGHS "TARZAN OF THE APES"
réalisé par HUGH HUDSON
Distribué par WARNER-COLUMBIA FILM.

Rasoir. C'est le premier mot que le lieutenant Philippe d'Arnot (Paul dans le roman) incarné par Ian Holm, à droite, fera prononcer à Tarzan qu'il veut ramener à la civilisation et à sa famille humaine.

P. 264-265
Dans le travail de préparation que lui a demandé de faire Hugh Hudson, Christophe Lambert doit d'abord apprendre les mimiques et le langage singe, constitué de six sons de base qui peuvent exprimer la joie, la colère ou le mépris par exemple.

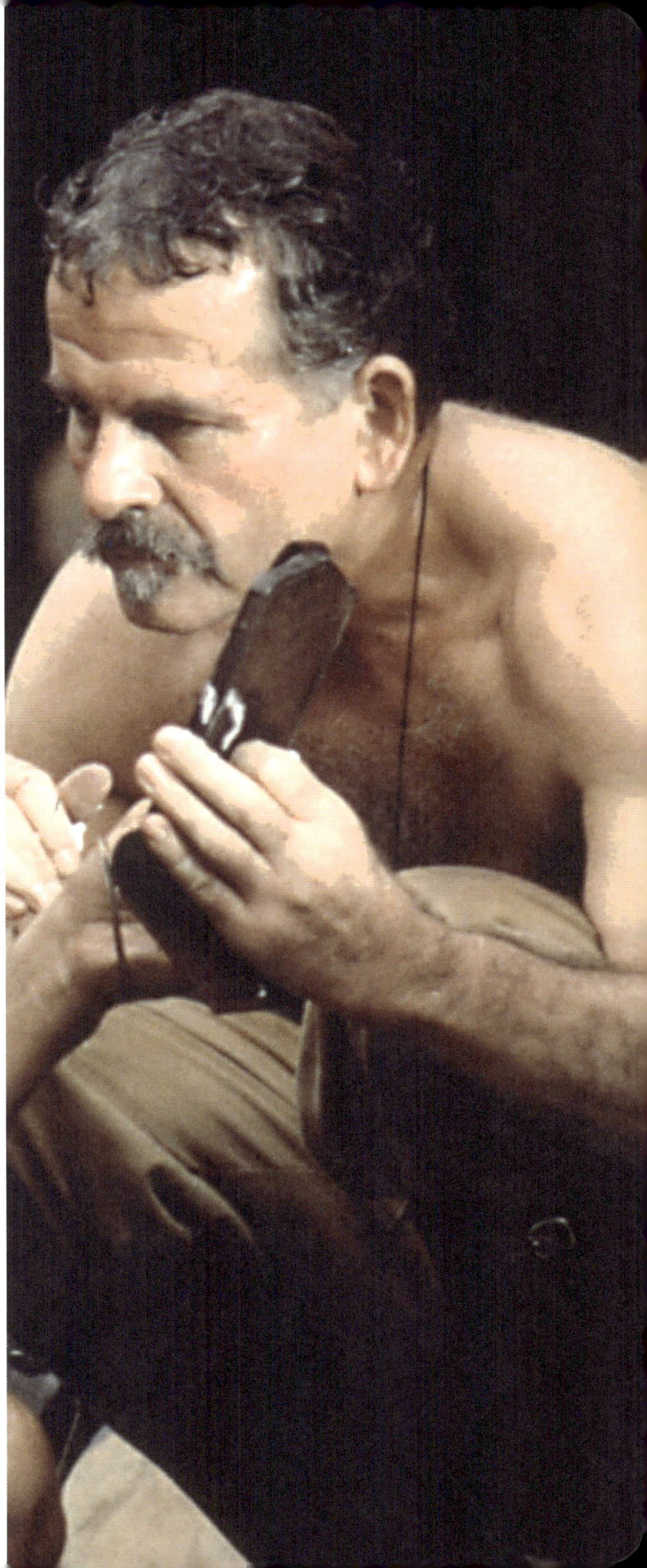

Mais *Christophe Lambert* ne tourne pas d'emblée. Il doit d'abord travailler à Londres pendant six mois au sein d'une grande structure métallique hérissée de cordes qui figurent des lianes, peuplée de chimpanzés. *Roger Fouts*, docteur ès zoologie, va apprendre aux douze acteurs-singes et au futur *Tarzan* de cinéma la démarche, la gestuelle, la psychologie des primates. Et même leur langage, constitué de six sons de base qui peuvent exprimer, selon l'intonation, la joie, la colère, le mépris ou encore la douleur. Au bout de deux mois et demi, le résultat est si probant que les bébés singes se précipitent dans les bras des acteurs en les prenant pour leurs parents. Et qu'un jour, faisant mine de réclamer de la nourriture à un chimpanzé, *Christophe Lambert* se voit gratifié, comme cela se fait chez les singes, d'un morceau de banane mâché ! Ce qui n'exclut pas les autres formes d'entraînement : trois heures par jour à pratiquer la gymnastique, la natation et la course à pied, sans compter deux heures d'anglais. Voilà qui décuple l'appétit et cela tombe bien. *Christophe Lambert* doit prendre une dizaine de kilos de muscles pour épaissir sa silhouette.

Il n'est pas un géant, il mesure 1,80 mètre, mais avec ses cheveux qu'il a laissés pousser et son regard que *Hugh Hudson* qualifie de « tendre et violent », il est fin prêt pour partir au Cameroun, plus précisément au nord-ouest de Douala dans la jungle de M'Kong-Samba, un univers sauvage de montagnes escarpées, de forêt opulentes et de cascades vertigineuses. Une jungle si dense que la

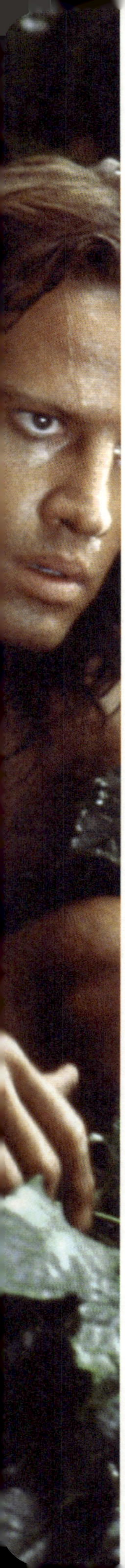

Une image qu'on ne voit guère dans les films produits par Hollywood : Tarzan, en élégant lord Greystoke, en compagnie d'une Jane Porter très mondaine, incarnée ici par Andie MacDowell.

lumière a du mal à y pénétrer. Le contraire des paysages ensoleillés et souvent riants de la série hollywoodienne. Mais des images sans doute plus authentiques et d'un réalisme saisissant, où la forêt vierge connaît aussi ses orages diluviens, où la brume noie parfois toute la végétation, où la lutte pour la survie, toujours violente, se déroule plus souvent dans la boue et le sang qu'au bord des ruisseaux d'eau claire. Le tournage n'est pas de tout repos : mouches tsé-tsé, éruption volcanique, moustiques, serpents, araignées, pluies torrentielles, sans compter les tracasseries administratives et les problèmes d'autorisation.

En 1984, le film sort en France sous le titre *Greystoke, la légende de Tarzan seigneur des singes*. Un choc considérable, tant pour les spectateurs habitués aux aventures plus ou moins sucrées produites par l'imagerie hollywoodienne que pour les lecteurs passionnés de *Edgar Rice Burroughs* qui désespéraient de voir un jour son œuvre littéraire enfin respectée par les cinéastes. Le film commence par une effroyable tempête qui fait de *John* et *Alice Clayton* deux naufragés sur la côte Ouest de l'Afrique – et non un couple débarqué par des mutins comme dans l'histoire originale. Mais, à cette différence près, on y retrouve les épisodes de ma vie d'homme à la fois sauvage et civilisé, telle que l'a imaginée *Edgar Rice Burroughs* : l'instant si particulier où, jeune enfant encore, observant mon image dans l'eau, je prends conscience que je suis différent de mes frères anthropoïdes ; la découverte, dans ma cabane natale, du médaillon de mes parents et du poignard qui, plus tard, m'aidera à devenir le roi des singes ; l'apprentissage de la lecture et de l'écriture dans cette même cabane à l'aide d'un abécédaire illustré.
Hugh Hudson a d'ailleurs remarquablement su montrer l'évolution d'un enfant élevé par une guenon en faisant tourner quatre jeunes acteurs avant que *Christophe Lambert* apparaisse dans le film : un bébé, *Tali McGregor ;* un enfant de un an, *Peter Kyriakou ;* un enfant de cinq ans, *Daniel Potts ;* et un enfant de douze ans, *Eric Langlois*. Et puis, soudain, après l'enfance et l'adolescence, changement de décor : ramené par *Paul d'Arnot* à la civilisation, retrouvé par les miens, l'homme sauvage que je suis va apprendre les manières d'un lord anglais, dans un domaine écossais à la pelouse impeccable, au milieu duquel trône le somptueux château des *Greystoke*.

Cette double vision, d'une jungle peut-être un peu sombre et d'une Angleterre peut-être un peu trop « léchée », séduit beaucoup le public. Le film, en Amérique d'abord, en Grande-Bretagne et en France ensuite, connaît un énorme succès.
On peut juger la fin du film un peu nostalgique et ne correspondant pas tout à fait à l'œuvre littéraire dont elle s'inspire (l'appel de la jungle est trop fort, *Tarzan* repart dans sa forêt vierge natale et quitte *Jane*), mais il faut savoir qu'au terme du premier livre de *Edgar Rice Burroughs*, *Tarzan chez les singes*, les choses se passent ainsi. C'est seulement à la suite de très nombreuses lettres de lecteurs, désappointés par cette séparation, que l'auteur, dans son deuxième volume, *Le Retour de Tarzan*, fit en sorte que *Jane* et son seigneur de la jungle soient réunis à jamais !

En dépit de ce qu'annonce l'affiche du film (p.274), Casper Van Dien n'aura pas réussi à s'imposer comme le Tarzan de la nouvelle génération.

CASPER VAN DIEN

Indiana Jones à l'assaut d'Opar

En 1934, quelques années à peine après la naissance du cinéma parlant, mon père créateur, *Edgar Rice Burroughs*, est déjà profondément agacé par le comportement des gens de Hollywood qui portent mon personnage à l'écran. Depuis que leurs images se sont mises à émettre des sons, ils ne respectent plus les intrigues imaginées par l'homme qui m'a inventé. Les scénaristes concoctent leurs propres histoires. *Johnny Weissmuller*, l'homme-singe de 1932, ne fait aucune référence à mes origines d'aristocrate anglais, pas plus d'ailleurs que *Buster Crabbe* en 1933 dans *Tarzan l'intrépide*. Et les choses vont continuer ainsi dans *Tarzan et sa compagne* en cours de tournage, où la *Jane Porter* des livres s'appelle toujours *Jane Parker* et dont l'histoire ne correspond à aucun des titres écrits par *Edgar Rice Burroughs*. Ce dernier décide alors de s'offrir une petite vengeance. Son œuvre, commencée en 1912, comporte déjà seize volumes. Eh bien, dans le dix-septième, il va s'amuser un peu aux dépens de Hollywood !

Le livre, intitulé *Tarzan et l'homme-lion*, restera sans doute comme l'un des plus amusants et des plus imaginatifs de l'auteur. Il y raconte la folle équipée d'un groupe de cinéastes hollywoodiens qui se rendent dans la jungle africaine, sans aucune connaissance des lieux, pour y réaliser un film racontant l'aventure d'un jeune sauvage blanc élevé par des lions. Après avoir été attaquée par les *Bansutos*, dont elle traverse le territoire, l'équipe de tournage est aux prises avec un peuple étrange de gorilles qui parlent anglais, dirigé, dans une cité nommée Londres, par un ancien étudiant d'Oxford qui se fait appeler Dieu. Disciple de Lamarck et de Darwin, Dieu dit avoir percé le mystère de l'hérédité en transférant les gènes humains de citoyens britanniques à des gorilles qui ont fini par parler la langue de Shakespeare ! La troupe de cinéastes est notamment composée d'un producteur porté sur le whisky, d'une vedette cabotine et, dans le rôle de l'homme censé commander aux lions, d'un géant musclé mais poltron. Or, il se trouve

Souvent suspendu à des lianes...qui ressemblent plutôt à des cordes, l'élégant Casper Van Dien fait plus penser à un mannequin posant pour différents modèles de bermudas qu'à Tarzan l'homme-singe.

que, par le plus grand des hasards génétiques, cet acteur poltron, *Stanley Obrosky*, me ressemble trait pour trait, ce qu'ignorent les membres de l'équipe de tournage. Mon sosie parfait ! Je peux me substituer à lui pour voler au secours des membres de l'expédition cinématographique. Et plus tard, après que le pauvre *Stanley Obrosky* eut péri dans la jungle, sous mon nom véritable, *John Clayton*, j'ai pu me rendre à Hollywood où un producteur cherchait justement un acteur pour tenir le rôle de *Tarzan*.

Je me présente aux essais. Un homme me scrute de la tête aux pieds et décrète : « Vous n'avez pas le type, pas du tout. Mais il y aura peut-être un petit rôle pour vous... » Le petit rôle, c'est celui d'un chasseur blanc que le *Tarzan* du film en cours de tournage, incarné par *Cyril Wayne*, un danseur dont la souplesse est la seule qualité, doit sauver d'un lion. Le fauve s'appelle *Leo, comme le lion* mascotte de la MGM, il est bien nourri, apprivoisé et doux, a dit le metteur en scène. Malgré cela, je pousse un cri de terreur, comme on m'a demandé de le faire. Le lion est derrière moi, *Cyril Wayne* se laisse tomber d'une branche. Surpris, le pacifique félin prend peur et charge le *Tarzan* de cinéma ! Je comprends le danger que personne n'a décelé sur le plateau et je bondis sur le fauve, enfonçant la lame de mon couteau de chasse dans le flanc du pauvre *Leo*, comme je l'ai fait si souvent dans la jungle.

Pas de film consacré à Tarzan depuis 1998 ! Le dernier en date, *Tarzan et la cité perdue,* n'aura pas laissé un grand souvenir, malgré le physique de jeune premier de Casper Van Dien, très à l'aise à dos d'éléphant.

Furieux, le directeur de production se rue sur moi : « Vous avez tué notre meilleur lion. Il valait au moins dix mille dollars. Vous êtes viré ! »
Je regagne mon hôtel. En passant devant le portier, je lui demande : « Quel est le plus court chemin pour aller en Afrique ? » Ces lignes ironiques, les cinéastes de Hollywood les ont-ils seulement lues ? On peut en douter dans la mesure où, pendant une cinquantaine d'années, ils ont continué à tourner des films où la fameuse ambivalence de mon personnage, à la fois homme-singe tueur de fauves et aristocrate anglais raffiné, voulue par *Edgar Rice Burroughs*, a presque toujours été superbement ignorée. Jusqu'aux deux derniers films produits : *Greystoke*, en 1984, avec *Christophe Lambert ;* et, plus récemment, *Tarzan et la cité perdue*, sorti en France en juin 1998.

Tout commence plutôt bien dans cette dernière réalisation, celle de *Carl Schenkel*, cinéaste suisse allemand qui vient de se faire remarquer avec *Face à face* – un thriller dont l'action se situe dans le monde des joueurs d'échecs – et qui, à l'aube de l'an 2000, entreprend de revisiter le mythe de *Tarzan*. Dès le générique, on assiste en effet, dans une auberge chic du Suffolk, Angleterre, aux fiançailles de *John Clayton*, revenu de la jungle pour retrouver sa famille des *Greystoke*, avec *Jane Porter*, tout juste sortie d'une université américaine. *John Clayton* est incarné par le très élégant *Casper Van Dien*, lancé par un rôle de pilote de chasse au sourire ravageur ; *Jane Porter*, par *Jane March*, qui fut une amoureuse troublante dans *L'Amant* de *Jean-Jacques Annaud* et qui a besoin de se refaire une image d'actrice moins déshabillée après avoir tourné *Color of Night*, un thriller érotique produit par son mari, *Carmine Zozzora*.
Mais, au cours de la soirée, le bel homme-singe devenu un parfait gentleman, qui, dit l'un des invités, « illustre si bien la théorie de Darwin sur l'évolution de l'espèce », a une vision terrifiante : les villages de ses anciens amis de la tribu des *M'bokos* sont incendiés et mis à sac par une bande de trafiquants cupides qui cherchent à violer le secret de la cité interdite d'*Opar*. Il doit voler à leur secours et quitter *Jane*.

À partir de ce moment-là, les choses se gâtent. *Le retour dans la jungle de John Clayton*, redevenu *Tarzan*, donne lieu à de belles images, tournées dans de superbes paysages d'Afrique du Sud. Mais nombre de scènes ont aussi été tournées en studio, dans de fausses jungles où de faux singes aux costumes pas toujours très réalistes, font parfois pâle figure. Et puis il y a *Casper Van Dien*, le dix-septième *Tarzan* du grand écran, parfait dans le rôle de *John Clayton* en smoking et nœud papillon, qui n'est pas très crédible en homme sauvage rasé de près luttant contre des aventuriers à la peau toujours glabre. Ancien capitaine d'une équipe de football américain, l'élégant Yankee à la crinière blonde fait plus penser, malgré une belle musculature, à un modèle posant pour une nouvelle marque de pagne qu'au seigneur de la jungle qu'il est censé incarner.

A New Tarzan® for a New Generation
The Lord of the Apes
Returns to the jungle
to save the heart of civilization
from the forces of evil.
CASPER VAN DIEN JANE MARCH
TARZAN®
AND THE LOST CITY
WARNER BROS.
VILLAGE ROADSHOW PICTURES
www.tarzan-lostcity.com
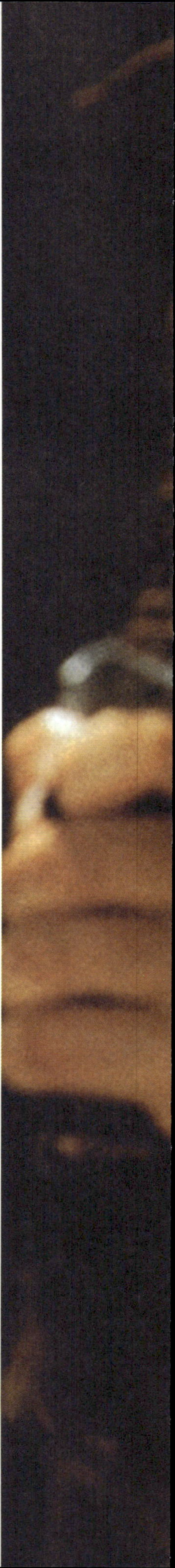

En son château d'Écosse, lord Greystoke a une vision : dans la jungle, les villages de ses amis M'bokos sont pillés et incendiés. Il doit quitter Jane pour les aider à combattre des trafiquants cupides qui cherchent à s'emparer des trésors de la cité d'Opar.

Quant au film, même si *Jane* vient y retrouver son *Tarzan* et décide de vivre avec lui dans la jungle, il souffre d'un scénario limité et donne une impression de déjà-vu. *Nigel Ravens,* incarné par *Steven Waddington*, un aventurier sans scrupules qui se dit scientifique, veut à tout prix retrouver le chemin de la cité interdite d'*Opar*, qu'il soupçonne gorgée d'or. Partant de cette idée qui n'a rien d'original, l'intrigue se limite surtout à une succession d'interminables poursuites dans la jungle, à la manière d'un *Indiana Jones* de seconde catégorie... Carnages à la mitrailleuse, explosions gigantesques à coups de dynamite, sorcier qui se transforme en cobra insensible aux balles, et, dernière image, *Nigel Ravens* pénétrant enfin au cœur de la cité d'*Opar*, dont le corps se désintègre sous l'effet d'un mystérieux rayon. La fin du film est même franchement apocalyptique !

Au nord-ouest de Los Angeles, dans le ranch de *Tarzana* et la petite ville du même nom transformés en musée, les descendants de *Edgar Rice Burroughs* se demandent si, demain, un cinéaste talentueux saura réveiller le mythe de *Tarzan*, un peu endormi depuis 1998, avec un quarante-troisième film. Un quarante-troisième film qui serait non seulement le premier du XXIe siècle, mais qui, fidèle au créateur de *Tarzan*, réussirait l'alchimie d'incarner à la fois le tueur d'antilopes mangeur de viande crue et l'élégant lord anglais parlant plusieurs langues. Chiche !

Appendice
Voir et revoir

Cinéma

Il n'est hélas pas possible de voir ou de revoir la totalité des 43 films qui ont été tournés au cinéma de 1918 à 1998 et dans lesquels *Tarzan* a été incarné par dix-sept acteurs. Un certain nombre, disparus ou indisponibles – à notre connaissance une dizaine –, ne sont jamais programmés par les chaînes de télévision et n'ont pas été proposés en version DVD. Il s'agit, par ordre chronologique, des titres suivants : *La Romance de Tarzan* (Elmo Lincoln, 1918) ; *La Revanche de Tarzan* (Gene Pollar, 1920) ; *Tarzan the Mighty* (Frank Merrill, 1928, pas de version française) ; *Tarzan l'homme-singe* (Denny Miller, 1959) ; *Tarzan aux Indes*, *Le Défi de Tarzan* (Jock Mahoney, 1962 et 1963) ; *Tarzan and the Valley of Gold* (inédit en France), *Tarzan et le jaguar maudit*, *Tarzan et l'enfant de la jungle* (Mike Henry, 1966, 1967 et 1968). Mais cette liste peut être très évolutive, notamment sur le marché américain. Attention, toutefois, si vous achetez par Internet aux États-Unis : il y a souvent des problèmes d'incompatibilité technique, voire de livraison.

Grâce à Internet, on peut voir l'intégralité du tout premier film muet de la série, tourné en 1918 avec *Elmo Lincoln* en vedette, *Tarzan chez les singes* (http:/www.archive.org/details/TarzanoftheApes 1918AndyDix).

D'une manière générale, vous pouvez revoir certains films en tapant archive.org et en affichant un titre de film (en anglais).

Il est également possible de voir de courts extraits en tapant un titre de film (de préférence en anglais), ou un nom d'acteur, associés à « youtube », à « download » ou à « dailymotion ». On peut également, pour les acteurs décédés, consulter le site « cinememorial.com ».

Signalons aussi que, pour ceux qui possèdent encore d'anciens magnétoscopes, on peut avoir la chance de trouver, auprès de sites marchands d'Internet (voir la liste ci-dessous), quelques films VHS Secam enregistrés sur cassettes, notamment des *Johnny Weissmuller* produits par *warner-home-video.fr*

DVD

D'une manière générale, on peut trouver – pas toujours très facilement il est vrai – les 30 ou 35 autres films, sous forme de DVD, soit auprès de magasins spécialisés, soit, surtout, auprès des sites marchands d'Internet qui vendent à prix intéressants des exemplaires d'occasion. Citons par exemple (liste alphabétique non exhaustive) : *amazon.fr* ; *amazon.com* ; *ask.com* ; *commentcamarche.net* ;

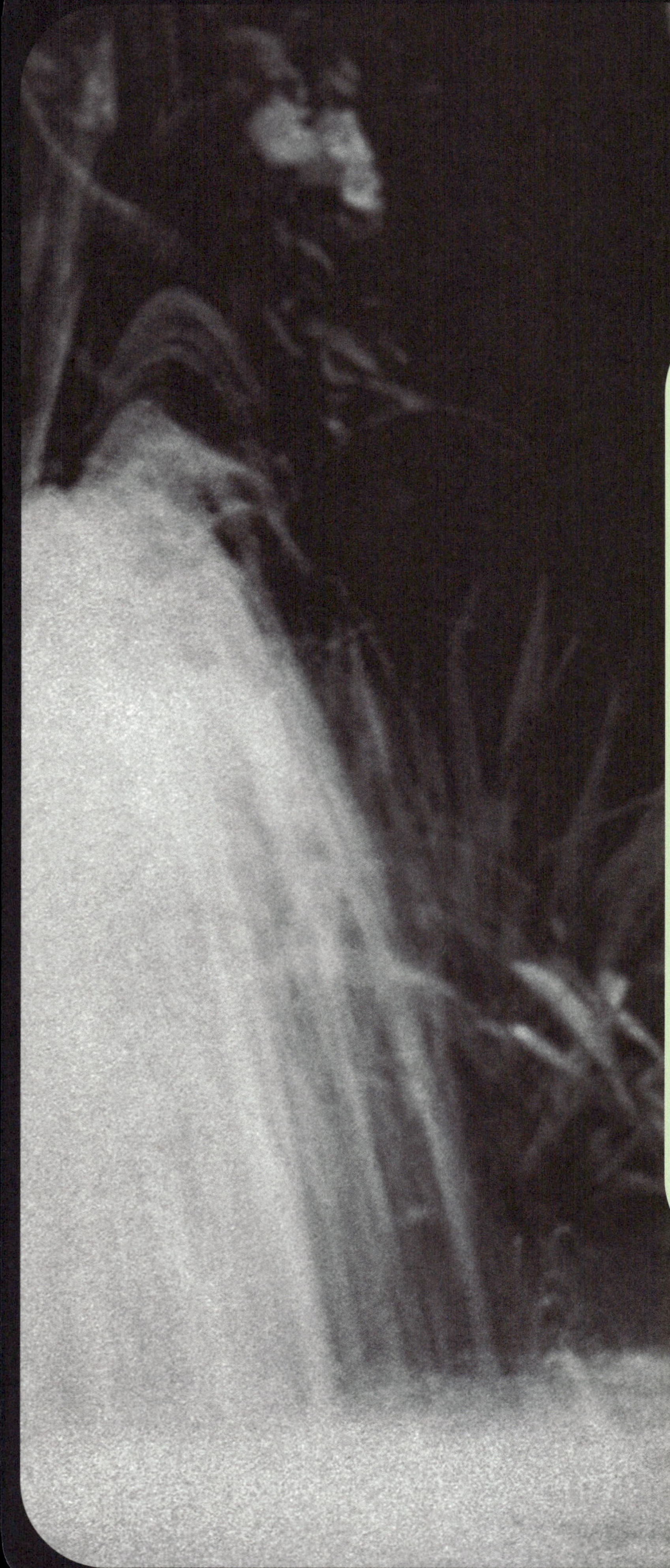

2xmoinscher.com ; *discount.com* ; *dvdrama* ; *dvd-stock.zlio.com* ; *e-bay* ; *fnac.com* ; *pixmania.com* ; *priceminister.com* ; *rdmshopping.com* ; *shopping.com*, etc. Vous pouvez aussi vous adresser au site américain www.wbshop.com, boutique en ligne de la *Warner.bros*, qui propose beaucoup de DVD de *Tarzan*, notamment tous les *Lex Barker* et tous les *Gordon Scott*. C'est évidemment plus cher que si vous achetez en France.

Certains DVD sont même proposés en double. *Bach Films*, par exemple, a commercialisé, à l'occasion de l'exposition « Tarzan, ou Rousseau chez les Waziri » qui s'est tenue au musée du quai Branly à Paris en 2009, un coffret exceptionnel, intitulé *Edition Collector, Tarzan l'Intrépide*, contenant deux DVD. Sur le premier, donc, *Tarzan l'intrépide* (avec *Buster Crabbe*) et, surtout, *Tarzan chez les singes*, la version du premier film muet avec *Elmo Lincoln* (auxquels s'ajoutent des entretiens avec les commissaires de l'exposition) ; sur le deuxième, *Tarzan le Tigre* (*Frank Merrill*) et 5 des 39 pièces radiophoniques (en anglais) écrites par *Edgar Rice Burroughs* lui-même, diffusées aux États-Unis entre le 14 et le 23 septembre 1932 et enregistrées par son gendre *James Pierce* (Tarzan) et sa fille *Joan Burroughs* (Jane).

Signalons encore que les douze films tournés par

Johnny Weissmuller de 1932 à 1948 sont proposés en deux coffrets de six DVD sous les titres « La collection Tarzan » (version française et version originale sous-titrée) et « La collection Tarzan volume 2 » (version originale sous-titrée seulement).

Précisons enfin, pour information, que l'on trouve, sur les sites marchands d'Internet, des films pirates (espagnols, turcs, indiens, etc.) qui ont été tournés de façon totalement illégale. Aucun intérêt à se les procurer : ils sont de mauvaise qualité, la plupart du temps tournés par des acteurs médiocres et suivant des intrigues souvent honteusement copiées dans les films « officiels ».

Une fois encore, mettons en garde celles et ceux qui achèteraient (par Internet) sur des marchés étrangers, notamment aux États-Unis, quant aux problèmes d'incompatibilité entre des DVD venus d'ailleurs et des lecteurs commercialisés en France.

Dessins animés

Il n'est pas très difficile (sur Internet en tout cas) de se procurer les six dessins animés produits entre 1999 et 2005 sur Tarzan. On privilégiera évidemment les trois *Disney* avec une très nette préférence pour le premier, simplement intitulé *Tarzan*, avec la musique de *Phil Collins*.

Séries télévisées

Dans les années 1950, alors qu'il commençait à travailler pour le cinéma, *Gordon Scott* tournait aussi la première des séries télévisées, *Tarzan et les trappeurs*, réalisée par *Charles Haas* et *Sandy Howard*, qui fut diffusée aux États-Unis en 1958. On peut se la procurer aisément en version française, en DVD proposé par *Bach Films*.
La série *Tarzan à Manhattan*, avec *Joe Lara*, est également disponible en France, d'occasion et à bas prix, par l'intermédiaire des sites spécialisés sur Internet (éditeur *Antartic*). Quant à la série *Tarzan*, diffusée durant trois saisons aux États-Unis avec *Wolf Larson* dans le rôle principal, elle est en vente (notamment sur Internet) en trois coffrets de trois DVD intitulés *Saison 1*, *Saison 2* et *Saison 3* (éditeur *Seven 7*). Malheureusement, la série *Les Aventures fantastiques de Tarzan*, avec Joe Lara (qui possède un site que l'on pourra visiter : *joelara.com*) n'a pas été éditée sous forme de DVD. C'est aussi le cas de la série *Jane et Tarzan*, ce dont on ne se plaindra pas.

Livres

On peut encore se procurer assez facilement la vingtaine d'ouvrages de *Edgar Rice Burroughs* consacrés à Tarzan qui ont été édités en France, à l'exception de quelques titres plus difficiles à trouver comme le premier, *Tarzan chez les singes*, *Tarzan dans la jungle*, *Le Triomphe de Tarzan*, *Tarzan et l'homme-lion*, *Tarzan et le secret de la jeunesse*. Mais cette liste est très évolutive, car les livres d'occasion se vendent et se revendent, ce qui explique que l'on peut trouver un ouvrage après avoir échoué à plusieurs reprises dans sa recherche. On s'adressera aux libraires spécialisés dans les livres anciens et aux bouquinistes (on pourra aussi jeter un coup d'œil dans les brocantes et les vide-greniers, mais le résultat n'est pas du tout garanti). Les sites marchands d'Internet constituent une bonne source d'approvisionnement, ceux que nous avons déjà cités, auxquels nous ajouterons *chapitre.com* et *alapage.com* ainsi que *livre-rare-book.com* qui est un site de libraires spécialisés.

Mais attention ! Quand on achète sur Internet, bien vérifier que soit spécifié dans la proposition le terme « livre » et non « BD » ou « Revue ». La confusion est en effet parfois entretenue et, si l'on n'est pas assez vigilant, il peut arriver que l'on ait la mauvaise surprise de recevoir un illustré pour enfants comportant le même titre qu'un livre !

CRÉDITS PHOTOGRAPHIQUES

En couverture :
p. 1 : champ libre/Gérard Lebovici/Ivréa.
p. 4 : collection de l'auteur.
© Adagp, Paris 2010 : (Jacques Bonnaud) : 7 bas droite (détail), 146 haut gauche, 147, 150 (détail).
AKG Images : 31, 38-39 gauche ; Collection privée, New York : 6 bas gauche (détail), 24 ; Goldwyn Distributing Company : 37 ; MGM/Album : 99 droite, 100 gauche, 101, 204, 278-279 ; Paramount Pictures/Album : 192, 202-203 ; RKO/Album : 166, 171 ; Ullsteinbild : 10.
Collection de l'auteur : 15, 16, 19, 51 bas, 64 bas, 71, 76, 83, 140, 141, 142, 144 gauche, 186, 187, 188 bas, 208 gauche (détail), 209, 236, 239 bas, 240, 241, 250.
Collection Francis Martin/Photographies de l'auteur : 178, 179, 180, 181, 182-183, 184, 185, 188 haut, 189.
© Edgar Rice Burroughs, Inc. All Right reserved : 6 milieu droite (détail), 9 haut gauche (détail) et bas droite (détail), 21, 22-23, 26, 28-29, 34, 39 droite, 40, 46, 47, 48 détail, 49, 50, 51 haut, 54, 55, 56, 62-63, 64 haut, 66, 68-69, 72, 80, 84, 88-89, 93, 118, 130, 131, 146 bas, 148-149, 156, 161 droite, 162, 163, 168, 174 bas, 193, 196-197, 216, 217, 219 bas, 220-221 gauche, 224-225, 232, 233, 274, 282-283.
Corbis : Bettmann : 7 haut gauche (détail), 91, 124-125, 164-165, 234 ; CSA Images/ Printstock : 53 ; © Sunset Boulevard : 210.
Getty Images/Time & Life Pictures/Kimberly Butler : 132, 134-135.
Kharbine-Tapabor : 74 ; Collection Perron : 147 ; Collection Jonas : 242, 243, 244.
Kobal Collection : 20th Century Fox : 8 haut gauche (détail), 159, 160-161 gauche ; AIP : 9 bas gauche (détail), 226, 235 (détail) ; Alta Vista-Village Roadshow/Boland Jasin : 270 ; MGM : 208 droite ; MGM/UA : 252-253; RKO : 169, 170 droite (détail), 172, 175 (détail).
Leemage : 2 couverture (détail), 3 couverture (détail), 3, 6 haut gauche (détail), 14, 75, 288 (détail) ; Photo Josse : 67 ; © Selva : 12 , 70, 237; © Selva/Collection privée : 78, 79.
Photo 12 : Archives du 7ᵉ Art : 6 haut droite (détail), 8 haut droite (détail), 8 bas droite (détail), 9 haut droite (détail), 43, 44, 92, 112-113, 116, 117, 190, 198-199, 200 (détail), 206 (détail), 207, 219 haut, 222-223, 228, 248, 260-261 ; Collection Cinema : 254-255, 267; Oronoz : 73.
Prod DB : © Alta Vista-Village Roadshow/DR : 268, 273, 276-277 ; © MGM/DR : 212-213 ; © Walt Disney/DR : 137, 138 milieu gauche ; © WEA Records-Warner Bros/DR : 256, 259, 264-265.
Rue des Archives : 6 bas droite (détail), 7 bas gauche (détail), 8 bas gauche (détail), 32 haut, 41 (détail), 42, 85, 86-87, 90 (détail), 104-105, 108 (détail), 114-115, 170 gauche (détail), 173, 194-195 ; BCA : 7 haut droite (détail), 9 milieu droite (détail), 27, 58-59, 60-61, 94, 97, 98-99 gauche, 102-103, 106-107, 110-111, 121, 122, 123, 126-127, 129, 133, 138 milieu droite, 138 haut (détail) et bas (détail), 139, 144 droite-145, 154-155, 157 (détail)-158, 176-177, 201, 230-231, 262-263, 271 ; Collection CSFF : 174 haut, 246, 275, 280-281; Mary Evans : 20, 238, 239 haut ; FIA : 109, 245 ; PVDE : 77 ; Snap Photo : 32 bas.
SIPA Press/Nana Productions : 151, 152, 214, 221 droite (détail), 249.
Visual Press Agency/Zuma : 33.

DU MÊME AUTEUR

Le Guide des vins de pays,
Marabout, 1984
La Remise en forme,
Marabout, 1986
Le Guide des stations santé,
Marabout, 1988
Destination France,
First, 1994
Ne dites à personne que je suis à la retraite...,
Bayard, 2002
Bougre d'âne,
Cheminements, 2006

PHOTOGRAVURE : SOGEC À TURIN, ITALIE
IMPRESSION : LEGO À VICENZA, ITALIE
DÉPÔT LÉGAL : OCTOBRE 2010. N°100170